プロに聞いた！

初心者が最初に ギターコード＆ 作曲法

制作協力：織田哲郎

目　次

Introduction

これだけは最初に覚えたい
「ギターコード」の話

本書はギター入門者でも作曲を始めることができる「コード進行」のヒント
やアイディアを、シンガーソングライター、作曲家そしてギタリストでもある
織田哲郎さんに取材し、まとめたものです。まずはイントロダクションとし
て、楽曲を演奏する際に「これだけは知っておいた方がいい!」というギター
コードの押さえ方から解説していきましょう。

織田哲郎 プロフィール

シンガーソングライター、作曲家、プロデューサー。
1979年にユニットバンドWHYでデビュー。その後アーティストへの楽曲提供
やプロデュースなどに携わる。「シーズン・イン・ザ・サン」「世界中の誰よりきっと」
「負けないで」「世界が終るまでは…」など次々とヒット曲を生み出し、4,000万枚
以上のシングルセールスを記録。日本作曲家シングル売上げランキング第3位と
なっている。B.B.クィーンズに提供した「おどるポンポコリン」はレコード大賞を
受賞。また自身のシングル「いつまでも変わらぬ愛を」はミリオンセラーを記録し
た。プロデューサーとしては相川七瀬などを手がける。現在もKinKi Kids、
AKB48など、ジャンルを問わず多くのアーティストに楽曲提供を続けている。ま
たアニメの主題歌や劇伴の制作など、アニメ界でも活躍しており、2018年から中
国のアニメファン向けの公演を武漢・成都・北京・広州の4カ所で開催した。
これまで自身のアルバムは21枚リリース。2015年にはダイアモンド☆ユカイらと
ROLL-B DINOSAUR(ロール・ビー・ダイナソー)を結成し、2枚のアルバムを
リリース。2019年からはYouTubeチャンネル『オダテツ3分トーキング』を配信
し、現在チャンネル登録者数は10万人超。

織田さんが「ギターコード」を覚えた方法

そもそも織田さんはどのようにギターコードの押さえ方を覚えたのでしょうか？　ここでは、ご本人の原体験を振り返っていただきました。

──織田さんがギターのコードを覚えた方法について教えていただけますか。

実は私はギターを人に習ったことがないんです。いわゆる教則本も読んだことがないのでタブ譜も読めないんです。ただ、ギターを始めた当初は歌本なんかをよく見ていて、コードは基本それで覚えました。でも、初めてギターを弾いたときのアルバート・ハモンドの「カルフォルニアの青い空」は、「コードが3つしかなくていいじゃん」って思ったんだけど、最初のコードがBm7で「これ、押さえるの無理じゃない？」っていきなり挫折しそうになって（笑）。

──織田さんはギター以前に何か楽器の経験はあったのですか？

ちゃんとやった楽器としてはブラスバンドでのトランペットと小学生の頃に一瞬習ったピアノです。あと独学でウクレレも弾いてました。ただ、トランペットは単音しか出ないし、しかも、吹きながらは歌えないわけだし。そういった意味では、小学生の頃に弾きながら歌ってたウクレレは楽しかった記憶があります。

──ウクレレを始めた動機というのは？

特にウクレレに興味を持って始めようと思った訳ではなく、たまたまウチにウクレレがあったんです。誰かのハワイ旅行土産かなにかだっ

たのかもしれません。家族でも誰も弾いてなくて、自分だけが面白がって弾いて遊んでいたんです。

──では、ピアノは？

ピアノは小学生の時につまらないバイエルをやらされるのがホントに苦痛で、見るのもイヤになってやめてしまいました。その後、中学のブラスバンド部の先輩が当時流行っていたビートルズの「レット・イット・ビー」を弾いていたのがとても素敵に感じて、先輩から弾き方を教わりました。その後、中学2年からイギリスの学校へ行くことになるんですけど、寮で自由に使えるアップライトピアノがあって、誰も弾いてないからしょっちゅう私がポロポロやっていたんです。

「レット・イット・ビー」の次にプロコル・ハルムの「青い影」を自分で耳コピーして、とにかく延々とその2曲を弾き続けていました。後に、その2曲と同じコード進行をベースにしたポップスがとても多いことに気づいて、「ここをこうしたらどうなるんだろう」と自分なりに発展させたものがこの本でも紹介する『コード路線図』につながっていったんです。

──ところでギターを始めたのはその頃だったのですか？

2年後に日本に戻ってきてからです。親戚が

いる高知の学校の寮に入ったんですが、そこでギターを覚えました。帰ってきた頃は、吉田拓郎さんの「元気です」とか、井上陽水さんの「氷の世界」とか、フォークがバーッって出てきた時期で、シングルでは「神田川」が大ヒットしている時代で、寮にフォークギターを持っている人がいっぱいいたんです。だから、最初は、自分のギターは持ってなくて、人のを借りて自分のみたいに弾いてましたね。ただ、上達が早かったんで、半年後には寮でギターの先生をやってたんです。自己流なことばかりだったけど、案外、いい先生だったと思います（笑）。

―― 当時、ギターではどのような曲をよく弾いてましたか？

ぶっちゃけ、日本のフォークはそんなに好きではなかったんです。フォーク系ではニール・ヤングとかジェイムス・テイラー、S＆G、ボブ・ディランなどがとても好きでした。何て言うのかな、日本のフォークはあまりにも洒落てない、シンプル過ぎると思うものが多くて。例えば、僕の場合、コードとして単純に「Am」って弾くのは好きじゃなくて、そこは「Am7」の方がイカしてるでしょうみたいに。うまくは言えないけど、その頃の日本のフォークは「7th」とか入れれば洒落ているのに、どマイナーな「Am」、「Em」みたいな曲が結構多かったんです。

―― 邦楽よりも洋楽が好きだったことで最初から「7th」コードを覚えたのですか？

いえいえ、やっぱり最初は「Am」や「Em」を覚えました。ただ、自分は歌本でコードを覚えていったから、その辺は少しグチャグチャとい

うか、とにかく歌本でいろんな曲をやっていたんです。すると、「7thコード」や「ハーフデミニッシュ m7♭5」なんかのコードもいきなり出てくるわけです。でも、いきなり出てくるものもひたすら覚えたのが、結果的にギターを覚える近道だったと思います。

―― これからギターを始めたいと思っている方や、作曲をしてみたい人は、最初にどのようなコードを覚えるべきだと思いますか？

やっぱり、まずは**キーが「C」のダイアトニック・コード**と、**キーが「G」のダイアトニック・コード**を覚えるのがいいと思います。それぞれにつき7つのコードがあるわけですが、ギターの場合はカポが使えますから、これさえ覚えてしまえば、ジャカジャカとコードを弾くだけなら大抵の曲で何とかなると思います。

最初に知っておきたい キー「C」のダイアトニック・コード

キー「C」とは八長調のことで、主音が「ド」で「ド、レ、ミ、ファ、ソ、ラ、シ」を使った音階を意味します。ピアノの鍵盤で考えた場合、白い鍵盤のみ（黒鍵の#/♭は使わない）を使った最も基本的なスケール（音階）と言えます。

キーC ダイアトニック・コードの構造

キーが「C」のダイアトニック・コードとは「ドレミファソラシ」の音をルート（根音＝コードの土台となる構成音の中の一番低い音）として、そ

こに3度上の「ミ」から始まる音階「ミファソラシドレ」と、5度上の「ソ」から始まる音階「ソラシドレミファ」を重ねたものになります。

C	Dm	Em	F	G	Am	Bm♭5
ソ	ラ	シ	ド	レ	ミ	ファ
ミ	ファ	ソ	ラ	シ	ド	レ
ド	レ	ミ	ファ	ソ	ラ	シ
①	②	③	④	⑤	⑥	⑦

①ド、ミ、ソの音で構成されるコード：C（Cメジャー）

②レ、ファ、ラの音で構成されるコード：Dm（Dマイナー）

③ミ、ソ、シの音で構成されるコード：Em（Eマイナー）

④ファ、ラ、ドの音で構成されるコード：F（Fメジャー）

⑤ソ、シ、レの音で構成されるコード：G（Gメジャー）

⑥ラ、ド、ミの音で構成されるコード：Am（Aマイナー）

⑦シ、レ、ファの音で構成されるコード：Bm♭5（Bマイナーフラットファイブ）

◯ ダイアグラムの見方

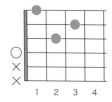

コードの押さえ方を示した図のことをダイアグラムと言います。横線は上から順に1弦から6弦に対応し、縦線とフレット番号でフレットの位置を表します。押さえるフレットには●印が記入され、フレットを押さえずに開放弦を鳴らす場合は左端に◯印、逆に鳴らしてはいけない（ピッキングしない／ミュートする）弦は左端に×印が書かれています。※左は「Dm」のダイアグラムです。

まず始めに覚えておきたい キー「C」の7種類の ダイアトニック・コード

C（詳しいコードの押さえ方はP.12参照）

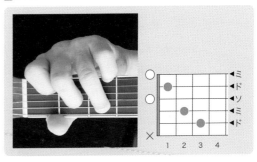

Dm（詳しいコードの押さえ方はP.15参照）

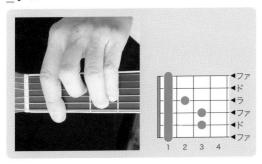

Em（詳しいコードの押さえ方はP.18参照）

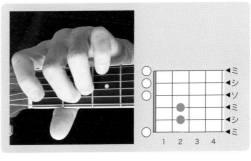

F（詳しいコードの押さえ方はP.20参照）

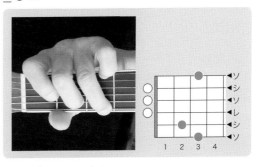

G（詳しいコードの押さえ方はP.23参照）

Am（詳しいコードの押さえ方はP.26参照）

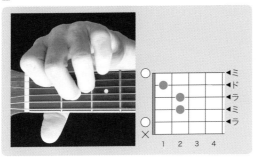

Bm♭5（Bm7♭5）

※ギターではBm7♭5を使うのが一般的です

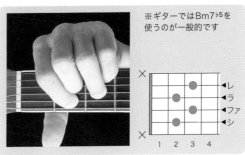

9

最初に知っておきたい キー「G」のダイアトニック・コード

キー「G」とはト長調のことで、主音が「ソ」で「ソ、ラ、シ、ド、レ、ミ、ファ #」を使った音階を意味します。ピアノの鍵盤で考えた場合、白い鍵盤の「ソ、ラ、シ、ド、レ、ミ」と黒い鍵盤の「ファ#」を使ったスケール (音階) になります。

キー G ダイアトニック・コードの構造

キーが「G」のダイアトニック・コードとは「ソラシドレミファ#」の音をルート (根音＝コードの土台となる構成音の中の一番低い音) として、

そこに3度上の「シ」から始まる音階「シドレミファ#ソラ」と、5度上の「レ」から始まる音階「レミファ#ソラシド」を重ねたものになります。

G	Am	Bm	C	D	Em	F#m♭5
レ	ミ	ファ#	ソ	ラ	シ	ド
シ	ド	レ	ミ	ファ#	ソ	ラ
ソ	ラ	シ	ド	レ	ミ	ファ#
①	②	③	④	⑤	⑥	⑦

①ソ、シ、レの音で構成されるコード：G（Gメジャー）

②ラ、ド、ミの音で構成されるコード：Am（Aマイナー）

③シ、レ、ファ#の音で構成されるコード：Bm（Bマイナー）

④ド、ミ、ソの音で構成されるコード：C（Cメジャー）

⑤レ、ファ#、ラの音で構成されるコード：D（Dメジャー）

⑥ミ、ソ、シの音で構成されるコード：Em（Eマイナー）

⑦ファ#、ラ、ドの音で構成されるコード：F#m♭5（Fシャープマイナーフラットファイブ）

まず始めに覚えておきたい
キー「G」の7種類の
ダイアトニック・コード

G (詳しいコードの押さえ方はP.23参照)

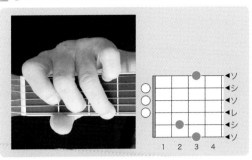

Am (詳しいコードの押さえ方はP.26参照)

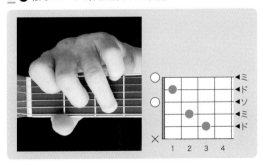

Bm (詳しいコードの押さえ方はP.30参照)

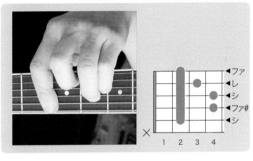

C (詳しいコードの押さえ方はP.12参照)

D (詳しいコードの押さえ方はP.15参照)

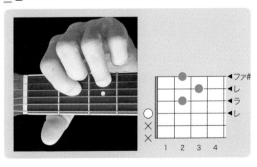

Em (詳しいコードの押さえ方はP.18参照)

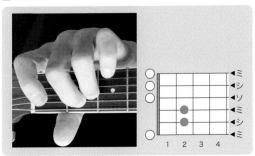

F#m♭5 (F#m7♭5)

※ギターではF#m7♭5
を使うのが一般的です

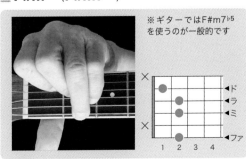

11

キー「C」とキー「G」に含まれるダイアトニックコードを中心に、ここからはそれぞれの「ギターコード」の押さえ方を具体的に解説していきましょう。

C

☰ Cの押さえ方

織田さん
による 「C」を押さえるコツ！

「C」を押さえるときは、左手の親指で6弦をミュートして5弦から1弦だけが鳴るようにします。
このフォームは小指を移動しやすい形なので、7th（セブンス）や9th（ナインス）の音が入れやすいのもポイントです。（P.14の「C7」や「Cadd9」の押さえ方を参照）

🔍 分数コード／オン・コードとは？

　コードを弾くときは、和音の中のルート音が一番低く聴こえるように押さえるのが基本ですが、あえてそれ以外のコードの構成音を一番低いベース相当の音にする弾き方もあります。そして、そのようなコードのことを**分数コード**、または「**オン・コード**」と呼びます。例えば「C/G」（C on G）では、コードはC（ド、ミ、ソ）でも「ソ」の音が一番低く聴こえるような押さえ方を意味します。

これだけは最初に覚えたい「ギターコード」の話

教則本の中には、6弦の3フレットも押さえるように書いてあることもありますが、それだと一番低いベースに相当する音が「ソ」になってしまい、厳密に言うと「C」ではなく「C/G」(ConG)というコードになってしまいます。オン・コードを意図しない限り「C」のコードを弾くときは6弦を親指で軽く押さえて、なるべく5弦から下を弾くようにしましょう。

↑「C」ではなく「C/G (ConG)」の状態

C/Eの押さえ方

「C」の押さえ方で、6弦を親指でミュートせずに弾いた場合は、一番低い音が6弦の「E（ミ）」になるので「C/E」(ConE)というコードになります。「C/E」もよく出てきますので、覚えておきましょう。

Point! 「C」で難しいのは人差し指。「指先を立てる」ことを心がけよう!

「C」のコードで難しいのは人差し指です。雑に押さえるとすぐ人差し指が寝てしまい1弦に触ってしまうんです。中指も同様に3弦に触っちゃったりします。だから、「指先を立てる」ということがコードを押さえるときのポイントになります。最初のうちは人差し指の爪の内側で押さえるくらい、指を立てて練習するといいかもしれません。

NG

○

C7の押さえ方

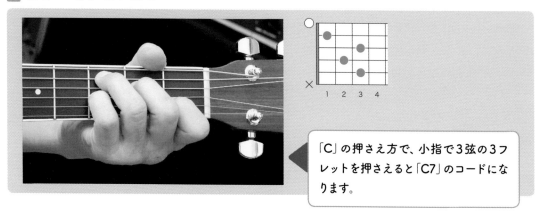

「C」の押さえ方で、小指で3弦の3フレットを押さえると「C7」のコードになります。

Cadd9の押さえ方

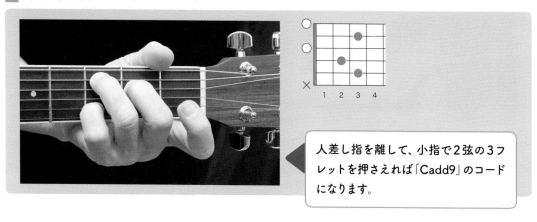

人差し指を離して、小指で2弦の3フレットを押さえれば「Cadd9」のコードになります。

C9の押さえ方

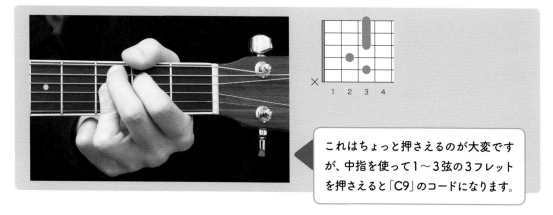

これはちょっと押さえるのが大変ですが、中指を使って1〜3弦の3フレットを押さえると「C9」のコードになります。

D

Dmの押さえ方

1 2 3 4

織田さん
による 「Dm」を押さえるコツ!

「Dm」に関しては6弦と5弦の2つに×印が付いていて、それらを鳴らさないように弾くのがポイントです。左手の親指でできるミュートは基本的に6弦だけだと思うので、ピックを4弦から1弦だけに当てるようにして弾く必要があります。

Point! 鳴らさない弦を意識すること!

初心者の場合、まず、ダイアグラムにある●印(押さえるべき場所)に目が行くと思いますが、それとは別に左端に×印が付いた弦がないかも確認して欲しいんです。そして、その弦は絶対に鳴らさないって意識することも大切です。

Dの押さえ方

織田さん による

「D」を押さえるコツ！

「D」は普通は上の写真のように押さえると思いますが、装飾を入れるような弾き方やコード進行によっては、下の写真の方が弾きやすいこともあります。どちらのフォームも覚えておくといいと思います。

D/F#の押さえ方

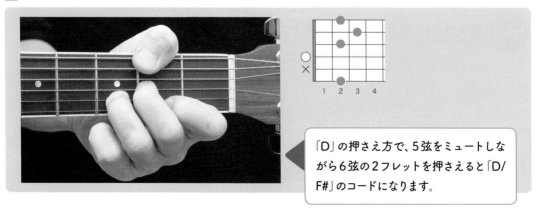

「D」の押さえ方で、5弦をミュートしながら6弦の2フレットを押さえると「D/F#」のコードになります。

D7 の押さえ方

「D」の押さえ方で、2弦の1フレットを押さえると「D7」のコードになります。

Dm7 の押さえ方

人差し指で1弦と2弦の1フレット、3弦の2フレットを押さえると「Dm7」のコードになります。

Dm7/G の押さえ方

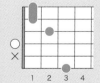

「Dm7」の押さえ方で、5弦をミュートしながら6弦の3フレットを押さえると「Dm7/G」のコードになります。

17

Emの押さえ方

織田さん
による 「**Em**」を押さえるコツ！

「Em」の場合、一般的な押さえ方は上の写真の方になると思います。ただ、私は下の写真のようになることが多いです。どちらの押さえ方がいいとか悪いではなくて、私はコードの流れによって指使いを変えています。

Em/Dの押さえ方

5弦と6弦を鳴らさずに1弦から4弦を弾くと「Em/D」のコードになります。このコードは経過音的に使われることが多いので、実際には右上の押さえ方になります。

Eの押さえ方

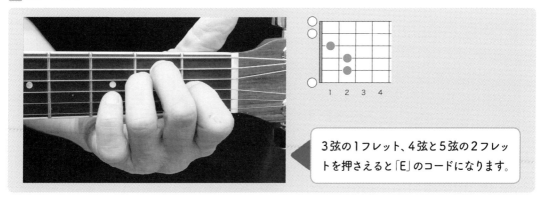

3弦の1フレット、4弦と5弦の2フレットを押さえると「E」のコードになります。

E7の押さえ方

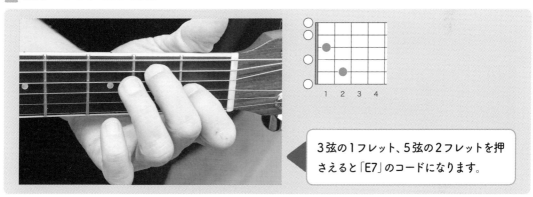

3弦の1フレット、5弦の2フレットを押さえると「E7」のコードになります。

Em7の押さえ方

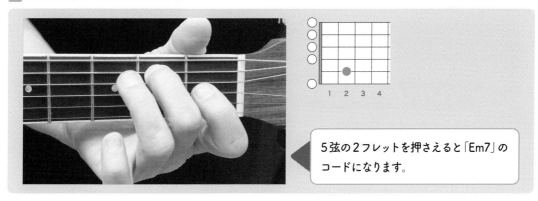

5弦の2フレットを押さえると「Em7」のコードになります。

Fの押さえ方

その**①**

その**②**

織田さん
による 「F」を押さえるコツ！

　問題のFですね。基本は上の写真のように人差し指のバレーで押さえますが、下のフォームだと例えば6弦を親指で押さえたことで、他の指が自由になって中指を外すだけで「Fadd9」になったり、あるいは1弦を開放して「FM7」にするなど、色々と応用が利いて便利です。下のフォームでは親指は指先ではなくて、第一関節の上あたりの側面を使うのがコツになります。

🔍「バレーコード」とは?

　1本の指で同じフレット上の複数の弦をまとめて押さえることをバレー（または、セーハ）と呼び、バレーを含む押さえ方のコードのことを「バレーコード（別名ハイコード）」と呼びます。人差し指をカポのように使うフォームが多く、その代表選手が「F」や「Bm」のコードです。

　「バレーコード」は一般的には押さえるのが難しいため、入門者にとってはギターを弾く際の「最初の挫折ポイント」とも呼ばれていますが、そういう人はバレー以外の押さえ方（その②の押さえ方）から覚えてみてもいいと思います。

☰ **Fadd9**の押さえ方

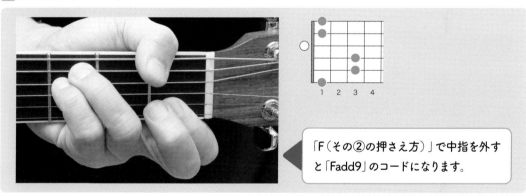

「F（その②の押さえ方）」で中指を外すと「Fadd9」のコードになります。

☰ **FM7**の押さえ方

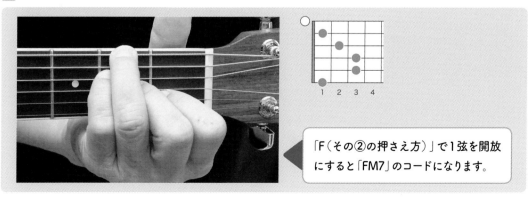

「F（その②の押さえ方）」で1弦を開放にすると「FM7」のコードになります。

F#

≣ F#m7♭5の押さえ方

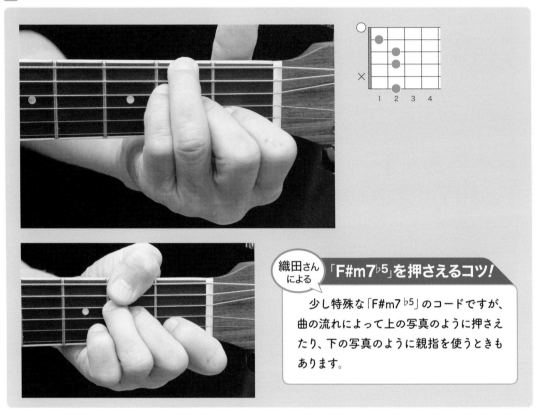

織田さん
による
「F#m7♭5」を押さえるコツ!

少し特殊な「F#m7♭5」のコードですが、
曲の流れによって上の写真のように押さえ
たり、下の写真のように親指を使うときも
あります。

🔍 ♭5 (フラット・ファイブ) とは?

「♭5」とは5thの音を半音下げることを意味します。
例えば「F♯m7♭5」の場合、「F♯m」というマイナー
コードに「7th」の音が加えられている状態から5th
の音を半音下げた形を意味します。

コード名とダイアグラムを紐づけて丸暗記するだ
けでなく、コード名の仕組みを覚えておくとコードの
理解を一層深めることができ、コード名からコードの
構成音を知ることもできるようになります。

これだけは最初に覚えたい「ギターコード」の話

G

Gの押さえ方

織田さん
による 「G」を押さえるコツ！

　　コード進行によっては下の写真の指使い（1弦の3フレットを薬指で押さえるパターン）で押さえることもありますが、これだと応用が利かないんです。なので、上の写真のように早めに小指で1弦を押さえるクセをつけるといいと思います。これなら小指と人差し指が自由になるので「Gadd9」や「Gsus4」を絡めたコードへの動きがスムーズにできるようになります。

≣G/Bの押さえ方

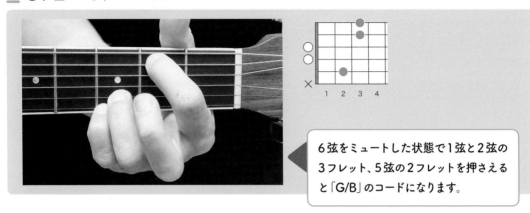

6弦をミュートした状態で1弦と2弦の3フレット、5弦の2フレットを押さえると「G/B」のコードになります。

≣G/Fの押さえ方

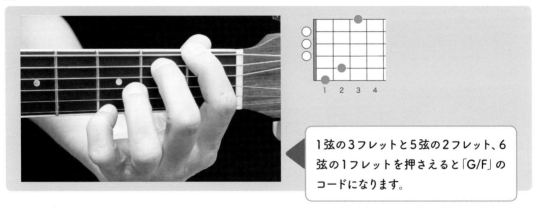

1弦の3フレットと5弦の2フレット、6弦の1フレットを押さえると「G/F」のコードになります。

≣Gm7の押さえ方

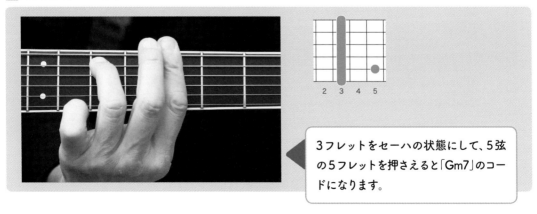

3フレットをセーハの状態にして、5弦の5フレットを押さえると「Gm7」のコードになります。

≡ **Gadd9**の押さえ方

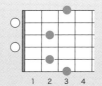

「G（その①の押さえ方）」で、人差し指を3弦の2フレットに加えると「Gadd9」のコードになります。

≡ **Gsus4**の押さえ方

「G（その①の押さえ方）」で、人差し指を2弦の1フレットに加えると「Gsus4」のコードになります。

≡ **G9**の押さえ方

1弦と5弦をミュートしてこのように押さえると「G9」になります。なお、曲の流れで1弦を鳴らして「G13」にしても問題ありません。

Amの押さえ方

織田さん
による 「Am」を押さえるコツ!

　昔、ダイアグラムを見たときに、私は下の写真のような押さえ方で覚えたんです。でも、上の写真の押さえ方が普通だと思います。上の押さえ方だと「C」への移動がしやすいし、下の押さえ方だと低音弦で経過音を入れるような対応がしやすくなります。

🔍 経過音とは?

　スケール（音階）上の音を経由して、次のコードの音へ階段状に進むときに演奏する音を「経過音」と呼びます。例えば、「Am」から「F」へと進むコード進行ならば、低音弦のベース相当の音は「ラ」から「ファ」へと動きますが、ここに経過音としてスケール上の「ラ」と「ファ」の間にある音「ソ」を挟むことで「ラ―ソ―ファ」と滑らかに下降する音程の動きを作ることができるのです。経過音は、1つだけではなく複数の音を経由してもOK。例えば、「G」から「C」へと進むコード進行ならば、低音弦の「ソ」と「ド」の間に経過音として「ラ」と「シ」を入れて「ソ―ラ―シ―ド」という滑らかに上昇していく動きが作れます。

Am/Gの押さえ方

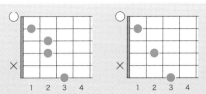

「Am」の状態から5弦をミュートして薬指を使って6弦の3フレットを押さえると「Am/G」のコードになります。なお、右側のダイアグラムの押さえ方でも大丈夫です。

Aの押さえ方

織田さんによる **「A」を押さえるコツ!**

上の押さえ方が一般的かもしれませんが、僕はあまりいいとは思いません。左下の押さえ方であれば「Am」や「sus4」に移行しやすいし、ロックであれば右下の押さえ方を覚えておくといいと思います。いずれにしても下の2つは押さえ方を発展させやすいんです。

≡ **A7**の押さえ方

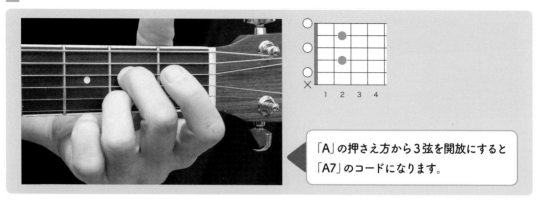

「A」の押さえ方から3弦を開放にすると「A7」のコードになります。

≡ **Am7**の押さえ方

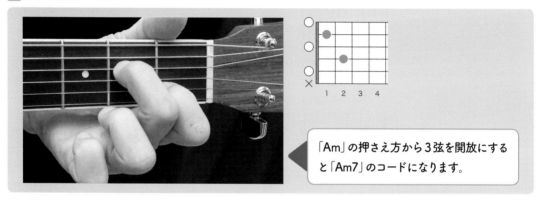

「Am」の押さえ方から3弦を開放にすると「Am7」のコードになります。

≡ **Am7/D**の押さえ方

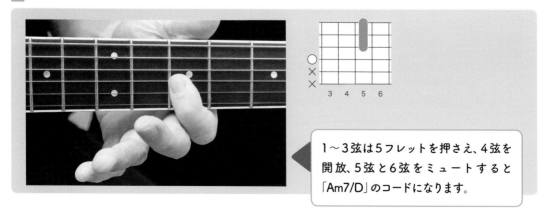

1〜3弦は5フレットを押さえ、4弦を開放、5弦と6弦をミュートすると「Am7/D」のコードになります。

B♭

☰ B♭の押さえ方

💬 織田さん による **「B♭」を押さえるコツ!**

厳密に言えば1フレットの1弦は鳴らしてもいいのですが、それだと難しいと思うので、実際は上のようなフォームで1弦をミュートして鳴らすことになります。この形はハイコードを押さえるときの基本形でもあるので、頑張って覚えましょう。

🔍「ローコード」と「ハイコード」について

　一般的に開放弦を使うコードを「ローコード (オープンコード)」と言い、開放弦のないコードを「ハイコード (バレーコード)」と言います。

　「ハイコード」は「F」、「Fm」、「B」、「Bm」「B♭」などがあり、特に「B♭」は同じフォームで並行移動 (フレットの高いポジションへ) させることで、様々なコードに対応できるのが特徴です。「ハイコード」はアコギはもちろん、エレキギターを弾く際にも必須の押さえ方と言えます。

B

☰Bmの押さえ方

織田さんによる 「Bm」を押さえるコツ！

「Bm」というと普通は上の押さえ方ですね。押さえ方が厄介なバレーコードですけど、キーG のダイアトニック・コードでもあるので本当によく出てきます。まずは5弦と1弦がちゃんと 鳴るようになることです。私も最初の難関がこの「Bm」でした。

☰Bの押さえ方

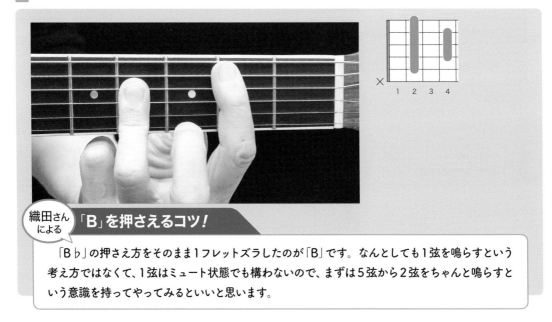

織田さんによる 「B」を押さえるコツ！

「B♭」の押さえ方をそのまま1フレットズラしたのが「B」です。なんとしても1弦を鳴らすという 考え方ではなくて、1弦はミュート状態でも構わないので、まずは5弦から2弦をちゃんと鳴らすと いう意識を持ってやってみるといいと思います。

B7 の押さえ方

6弦をミュートしてこのように押さえると「B7」のコードになります。

Bm7 の押さえ方

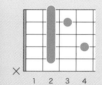

「Bm7」の最もオーソドックスな押さえ方がダイアグラムの左側になります。織田さんいわく「アルペジオでは右側のフォームをよく使っています」。

Bm7♭5 の押さえ方

1弦と6弦をミュートしてこのように押さえると「Bm7♭5」のコードになります。

織田さんに聞く チューニングと弦について

Point! チューナーで1本ずつ弦を合わせた後に
オクターブの音やコードを押さえたときの音も確認することが大事*!*

──ギターのチューニングはいつするのが良いのでしょうか？

基本的にはケースから出して弾き始める前のタイミングになります。ただ、開放弦の1本1本をメーターで合わせることが正しいチューニングとは限りません。開放でピッチが合っていても、例えば、異なる弦でオクターブを重ねて弾いてみると微妙にズレてたりします。結局、1オクターブを無理やり12で割った平均律は、ハーモニーがキレイに響くチューニングではないんです。

演奏するポジションでコードがキレイに響くことが重要なので、チューナーで合わせた後にオクターブやコードを押さえて微調整を加えてください。例えば、私の場合は6弦を低めに調整しています。それは、押さえたときに6弦はピッチが上がる傾向にあるからなんです。ですから、コードがきれいに響くことに加えて、自分の演奏のクセも含めた調整をするといいと思います。

↑織田さんが日頃使用しているチューナー
TC Electronicの「UNITUNE CLIP」

──演奏後にギターの弦を緩める人もいると聞きましたが、織田さんは？

私はチューニングを半音くらい緩めて保管しています。貼りっぱなしだとネックが反ってくるので緩めるわけですが、ただ、緩め過ぎるのもよくないようなので半音くらい下げるのが目安になります。もちろん、丈夫なギターなら緩めなくても平気です。私の場合だと、ヤマハのアコギは貼りっぱなしでもびくともしません。

──織田さんの普段使用されている弦について教えてください。

今、使っている弦はエリクサーですね。弦を選ぶにあたって人によって大事にするポイントは違うと思うのですが、私の場合、運指時にキュキュって鳴るのがすごく嫌いなんです。エリクサー系は長持ちするっていうのが売りで、キュキュって鳴りにくいんです。それでエリクサーを選びました。ちなみに、弦の太さは細い方が弾きやすいんですが、太い方がガッツのある音がします。ただ、細い弦に慣れてしまうと太い弦に移行しにくくなるので、初心者の人は1弦が0.12〜0.13のセットから試してみるといいと思います。

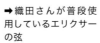

➡織田さんが普段使用しているエリクサーの弦

Chapter ①
『コード路線図』の 基本的な使い方

『コード路線図』とは、織田哲郎さんがギター入門者のため に考案したコード進行のガイド表です。「駅の路線図」に見立 てたコードを順番に弾くだけで、ギター初心者でも感覚的に 音楽が楽しめるのが特徴です。

織田さんに聞いた作曲における『コード路線図』の活用法

『コード路線図』とは一体どのようなものなのでしょうか。まず始めに、考案者である織田さんご本人に『コード路線図』の活用方法や、ギター入門者が作曲を始める際に知っておきたい考え方、ポイントについてお聞きしました。

――作曲とはどのような作業をすることなのでしょうか？

これは難しい質問なのですが、あくまで現在のポップス (POPS) のシーンの話に限定するとしたら「メロディを作ること」になると思います。「メロディを作ること」が「作曲」であって、メロディを作った人が「作曲者」になります。ただし、世の中にはいろんな曲があって、例えばクラシックみたいな曲であれば、和音構成から何から全部含めて作曲だし、「ハイウェイ・スター」や「スモーク・オン・ザ・ウォーター」だとギターのリフが曲のように受け取られることもあります。だから実は一概には言えないんです。ただ、「歌モノのポップスの作曲」と考えた場合は、あくまで「歌のメロディを作る人」と言えると思います。

――そのメロディはコード進行と同時に考えるものなのでしょうか？

私はそうです。でも、これも人によるんです。コードとかまったくわからないけど、鼻歌でフンフン歌って作る人もポップスでは作曲者と言えます。

――『コード路線図』とはどういうものなのか、あらためて教えていただけますか。

何と言うべきか迷いますが、要するに「定石（じょうせき：昔から研究されてきた、囲碁における最善とされる手順）」というものがポップスにもあるわけです。あくまでも「定石」なので、逆に言えばこれだけでは勝てないと思いますが、この「定石」を把握してない状態から始めるよりも、やはりわかっていた方がだいぶやりやすいんです。『コード路線図』は作曲における「定石」のようなものと思ってもらえたら理解しやすいと思います。

――『コード路線図』を使って作曲する際に、これだけは注意した方がいいというポイントがあれば教えてください。

あくまでも「定石」なので、これに縛られても意味がないし、でも「定石」というのは世の中に一番出回っているものでもあります。ここから外れててカッコいいものが作れたらそれに越したことはないけれど、『コード路線図』に載っているコードの流れをいろんな形でマスターしておくと作曲がラクになると思います。例えば同じペースで回るだけじゃなくて「ここで止まって、ここは飛ばして」とか。

――基本的にメロディにコードを付ける際に有効なものだということですよね。

そうです。『コード路線図』のコード進行はそれ

こそバッハの時代から腐るほど出回っている流れなので、私に限らずみんな耳に馴染んでいるわけです。だから浮かんでくるメロディもそこをもとにはめていくと上手くいくことが多い。ただ、もちろんコードをジャカジャカと弾くことがきっかけでメロディが生まれることもあります。でも、やっぱり最終的に「メロディが浮かぶこと」っていうのが重要なんだと思います。

——オリジナリティのあるメロディとは、どのようなものだと思われますか。

どのレベルでオリジナルなのかってことを考えたときに、全くもってオリジナルを作るとしたら「まずは12音階の枠をとっぱらう」ことからになるでしょうね。音階を12で区切っている段階で、すごくパターンが少なくなってくるわけで。でも、まぁそんなオリジナルのものは誰も望んでいないんです。やっぱり昔から「こういうのが人間が心地いい」と感じるものがあって。なので、「何かほんの少しでもいいので、自分がこう思うというのを付け加えられないか」、そういうレベルのことだと思っていた方がいいんです。ビートルズだろうが、クラシックのどんな有名な人だろうが、みんなそうやって作ってるわけですから。先人が色々やってきたことを「俺ならこうするね！」ってもう一声何かを加える。そういうことだと思います。

「よりオリジナルのものを！」って、例えば現代音楽と呼ばれるようなジャンルとか「どこまでやれば音楽なのか」私も研究したことがありますけど、「これ、別に誰も聴きたくないな」ってものを作っても意味がない。パンクやメタル

だって、不快さを強調しているようで「どこかに心地良さ」があるわけです。そういう「人が心地良いと思える音楽の範囲」の中で、先人が作ってきたものと、自分の中に蓄積されてきたものが自分なりに熟成されてできるものがオリジナルのメロディだと思います。

——そういう意味でもやはり「定石」は大事になってきますよね。

はい。そうだと思います。先ほども言いましたが、作曲というのはどちらかと言うと「メロディが浮かぶこと」が大事なんです。そのメロディにどういうコードをはめるかというときに、今回この本で掲載しているキーCとキーGの2種類の『コード路線図』が役に立つと思います。

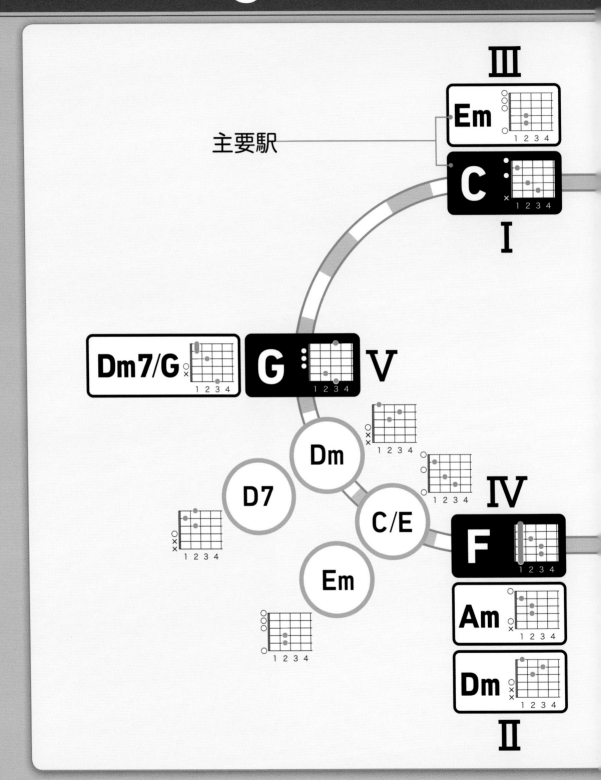

主要駅

III
Em

C
I

Dm7/G

G V

Dm

D7

C/E

Em

IV
F

Am

Dm
II

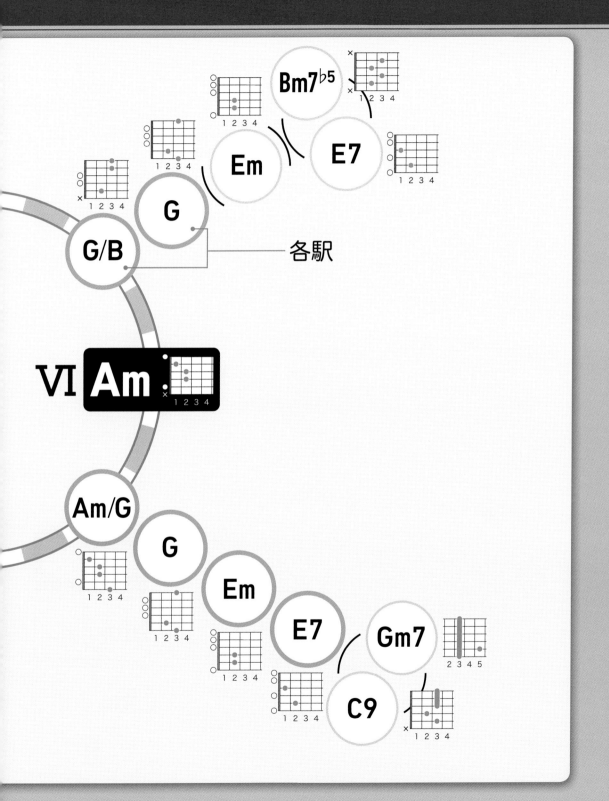

Bm7♭5

Em

E7

G

G/B

各駅

VI Am

Am/G

G

Em

E7

Gm7

C9

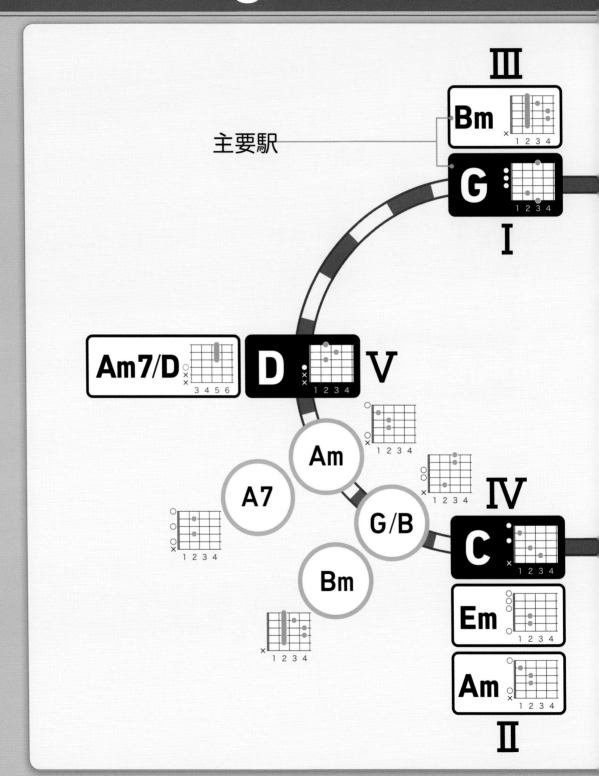

主要駅

III Bm

G I

Am7/D

D V

Am

A7

G/B

Bm

IV C

Em

Am II

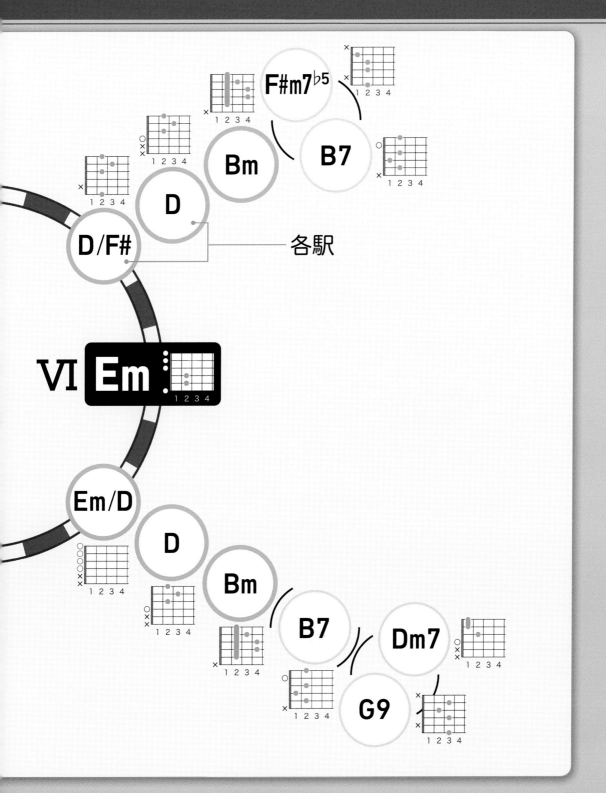

F#m7♭5

B7

Bm

D

D/F#

各駅

VI Em

Em/D

D

Bm

B7

Dm7

G9

『コード路線図』の使い方 その❶
急行が止まる大きな駅をつないでみよう

それでは、『コード路線図』を使って曲作りを行なう基本的な流れを見ていきましょう。
まずは大きな駅をぐるぐると回るパターンです。

C→Am→F→G と進む循環コード

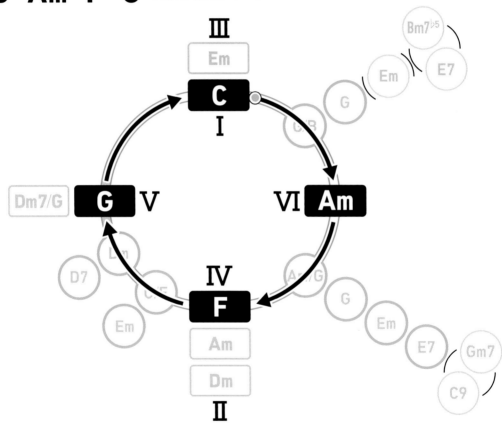

Point! 何度でも繰り返して演奏できる循環コード

　例えば、C を始発駅として、そこから Am→F→G と進んでいくといわゆる循環コードになります。循環というだけあって、このコード進行はグルグルと何度でも繰り返して演奏することができます。世界には循環コードだけを使ってできた名曲もたくさんあります。

≫ C → Am → Dm → G と進む循環コード

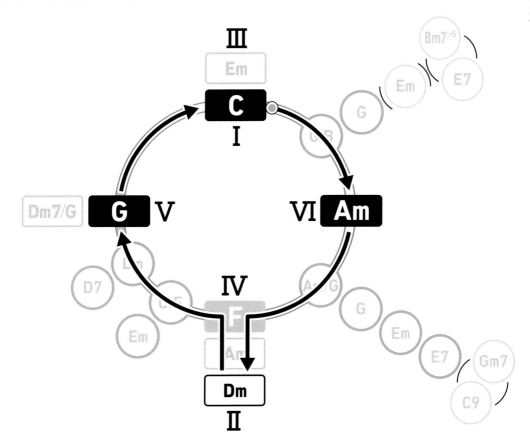

Point! 代理コードを使った循環コード

続いて、C→Am→F→Gというコード進行の3番目のFをDmに変えたパターンをやってみましょう。FとDmはコードの構成音が1つ違うだけで、そういうコードは親戚関係にあるんです。

これを代理コードって言います。このC→Am→Dm→Gってコード進行を使っている曲も山ほどあります。

図 ❶ 「F」と「Dm」を構成する音の違いは1つだけ

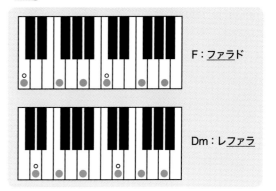

F：ファラド

Dm：レファラ

≫ **G**→**Em**→**C**→**D** と進む循環コード

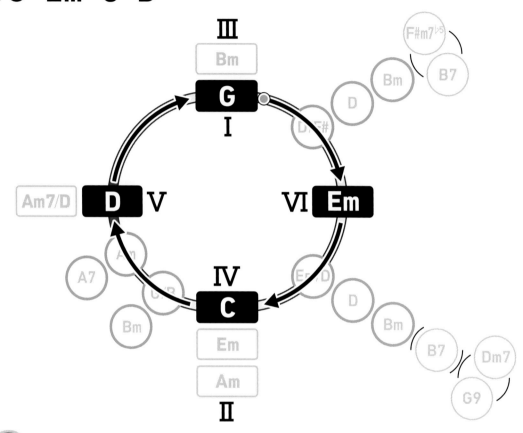

Point! キーがGの循環コード

次は、キーがGの場合をやってみましょう。キーがGでは、大きな駅は「G」「Em」「C」「D」になります。そして、Gを始発駅として、Em→C→Dと進めば「循環コード」となります。

キーがCのときのC→Am→F→Gと進む循環コードと考え方は同じですが、キーが変わりコードの響きが変わると印象も違って聴こえてきます。

≫ G→Em→Am→D と進む循環コード

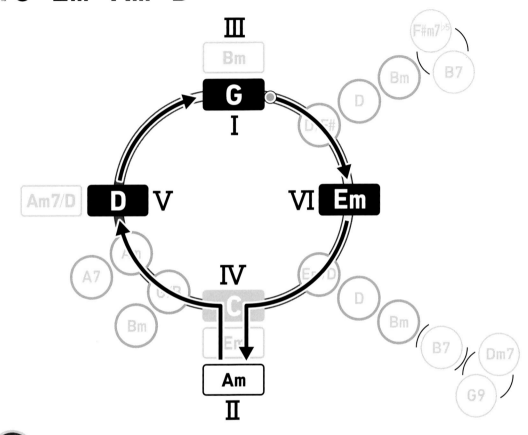

Point! キーがGの代理コードを使った循環コード

今度はキーGで、G→Em→C→Dという
コード進行の3番目のCをAmに変えたパター
ンもやってみましょう。CとAmはコードの構
成音が1つ違うだけで、前述したように**代理
コード**と呼ばれる親戚のような関係です。

この循環コードは2つのマイナーコード
（Em→Amの部分）と2つのメジャーコード
（D→Gの部分）が繰り返されることで、「暗い」
「明るい」を交互に繰り返す印象になります。

図❷ 「C」と「Am」を構成する音の違いは1つだけ

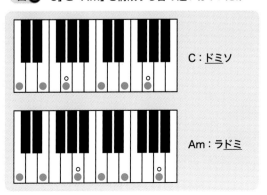

C：<u>ドミソ</u>

Am：<u>ラドミ</u>

『コード路線図』の使い方 その❷
急行が止まる他の駅から始めてもOK

『コード路線図』では、急行が止まる大きな駅のどこを始発に演奏をスタートしても構いません。スタート駅を変えると音楽の流れがガラッと変わる点に注目しましょう。

キー C の場合

>> Am→F(Dm)→G→C(Em) と進む循環コード

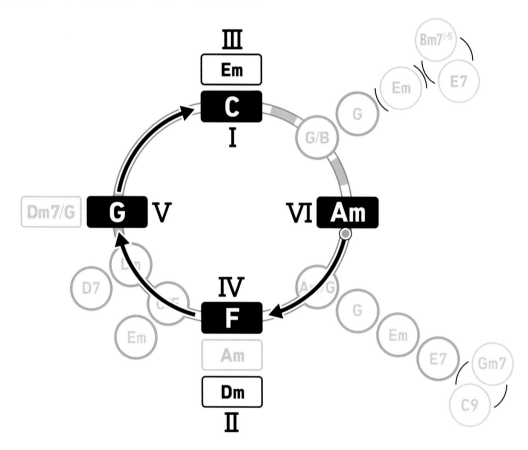

Point! 始発駅を変えた循環コード

例えば、CではなくAmから始めればAm→F→G→CというJ-POPでよく聴かれるコード進行になります。Fの代わりにDm、Cの代わりにEmを使う手もあります。

≫ F（Dm）→ G → C（Em）→ Am と進む循環コード

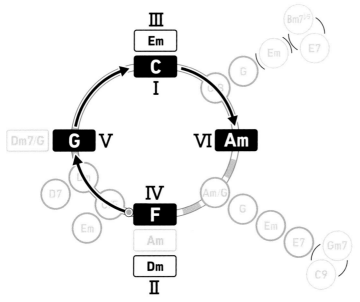

Point! 始発駅の
バリエーション

　もちろん、Fから始めて
F→G→C→Amと進むのもあ
りです。そのバリエーションと
して、FではなくDmを使った
り、CではなくEmへ行く進行も
多いですね。

≫ Dm → G → C → F と進む循環コード

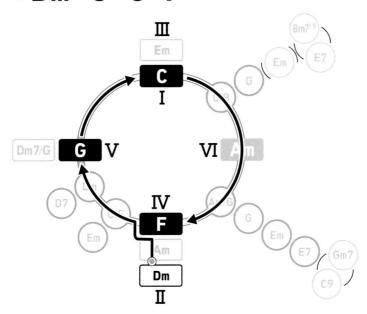

Point! 定番の枯葉コード

　また、Fの代わりにDmから
始めてDm→G→C→Fなんて
進むと、和洋問わず多い循環
コードの定番「枯葉コード」が作
れます。「枯葉コード」とはシャ
ンソンの有名曲「Autumn
Leaves（枯葉）」に由来するコー
ド進行で、ジャズのスタンダー
トとも言えるものです。

≫ **Em** → **C** (**Am**) → **D** → **G** (**Bm**) と進む循環コード

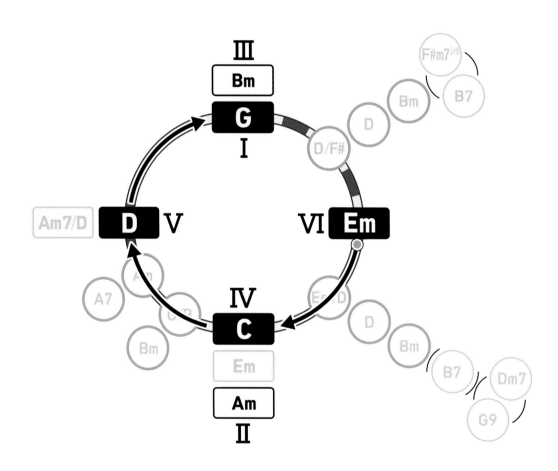

Point! キー G の場合の始発駅を変えた循環コード

　続いて、キー G の場合も見ていきましょう。例えば、Em → C → D → G と進めば、J-POP でよく耳にするコード進行となります。C の代わりに Am、G の代わりに Bm を使っても構いません。

≫C(Am)→D→G(Bm)→Em と進む循環コード

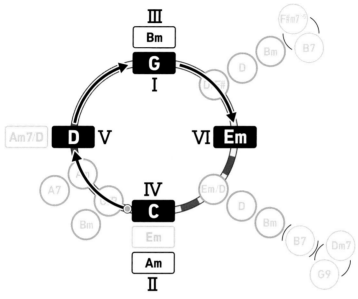

Point! 始発駅の
バリエーション

　キーGでは、Cから始めて
C→D→G→Emと進むのもあ
りです。そのバリエーションと
して、CではなくAmを使った
り、GではなくBmへ行く進行
でも構いません。

≫Am→D→G→C と進む循環コード

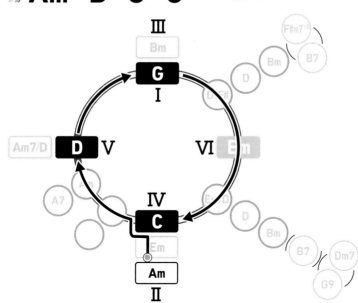

Point! ジャズっぽい
定番の枯葉コード

　キーGでAm→D→G→C
という進行にすると、ジャズの
定番「枯葉コード」となります。
D→G→Cという部分がキーG
における「2→5→1(Ⅱ-Ⅴ-Ⅰ)」
という形になっており、この流
れが「Autumn Leaves(枯葉)」
に由来するジャズっぽさにつな
がっています。

『コード路線図』には、大きな駅以外にも小さな駅がいくつも用意されています。ここからは、小さな駅に寄り道する場合のコード進行の例を紹介していきましょう。

キー C の場合

>> C→G/B→Am→Am/G→F→C/E→Dm→G

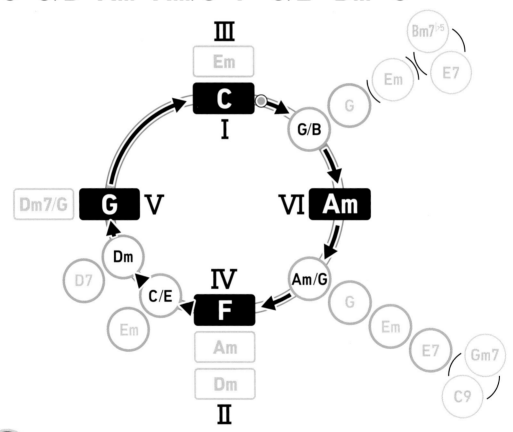

Point! 小さな駅を交えた循環コード

キーCの路線図では小さな駅としてG/B（GonB）やAm/G（AmonG）などがあります。まず紹介したいのはC→G/B→Am→Am/G→F→C/E→Dm→Gと進んでいくパターンです。

このコード進行の特徴は、ベースの音が「ドシラソファミレ」と降りた後に「ソ」へと動く形になっていることです。

≫C→G→ Am →Em→F→C→F→G【通称カノン進行】

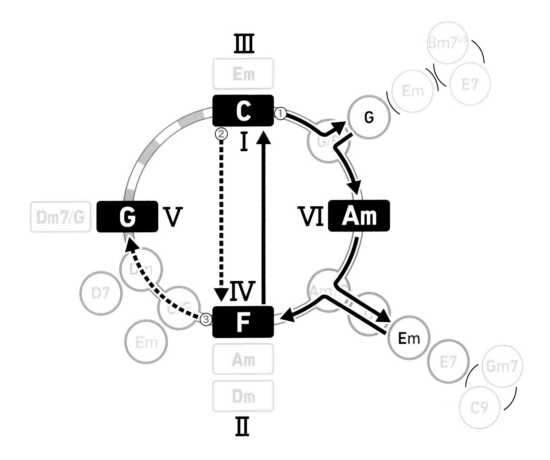

Point! 各駅で派生させた例の通称カノン進行

また、各駅で派生する例としてCの次を単純にGにして、Amの次はEm、Fの次をC、そしてF→Gっていうルートもよく聴かれます。

これは通称「**カノン進行**」と呼ばれ、このコード進行を使ったヒット曲もごまんとあります。

≫ G→D/F#→Em→Em/D→C→G/B→ Am →D

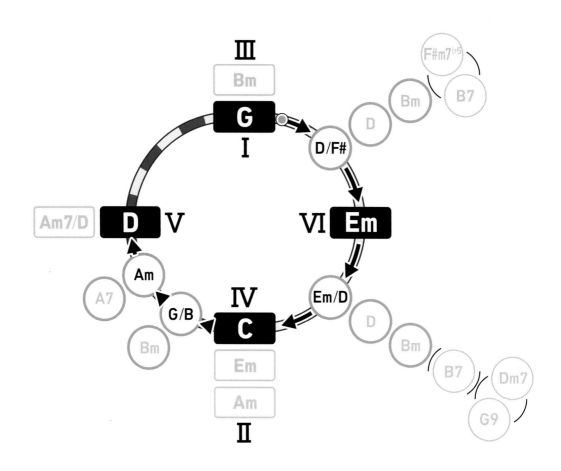

Point! キーGで小さな駅を交えた循環コード

　キーGでは急行が止まる大きな駅に対して、各駅停車が止まる駅としてD/F#やEm/Dなどがあります。例えばG→D/F#→Em→Em/D→C→G/B→Am→Dといった具合に進行すると、コードのベース音が「ソファ#ミレドシラ」と降りた後に「レ」へと動き、スムーズな展開・流れを生み出すことができます。

》G→D→Em→Bm→C→G→C→D【通称カノン進行】

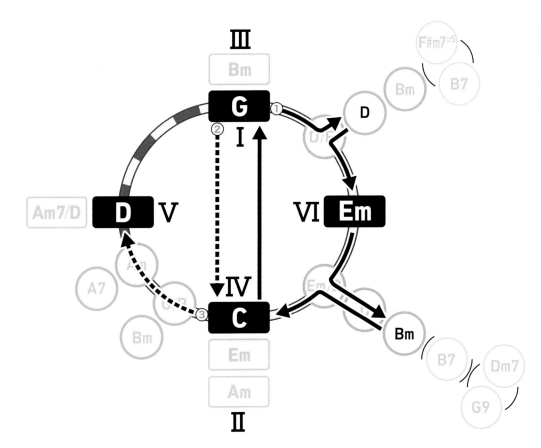

Point! キーGでの通称カノン進行

　キーGでは、GからDの次にEmからBm、Cの次をG、そして再びC→Dと進むと「カノン進行」になります。カノン進行は本当によく出てくる定番のコード進行なので、キーCのときと同様、キーGのものも覚えておくといいでしょう。

『コード路線図』の使い方 その❹
停車する駅/しない駅、滞在時間を変えてみよう

『コード路線図』にある駅は、時計回りにどこに止まって（どこを飛ばして）、どれだけ滞在するかを考えるとコード進行のバリエーションがさらに広がります。

キー **C** の場合 ≫ **C→C→F→G** と進むコード

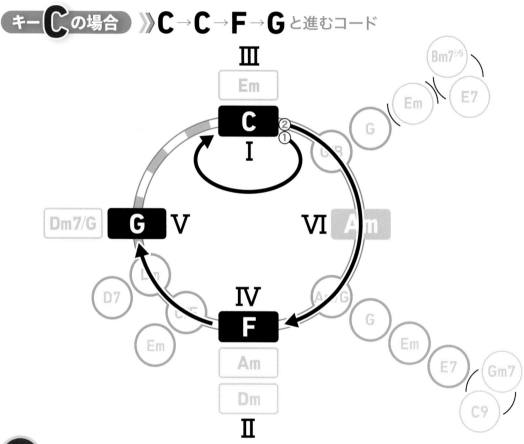

Point! 尺を使ったバリエーション

例えば、循環コードのC→Am→F→Gの Amを飛ばして、C→F→Gの3つのコードで循環させてみましょう。このとき、それぞれの駅（コード）の滞在時間を変えて、例えばC→C→F→Gといった具合にCを2小節、FやGは1小節ずつといったように進めば、ブルーハーツの「**リンダリンダ**」のサビになります。

このようにコードを弾く尺（滞在時間）を変えるだけで様々なバリエーションが出てきます。1小節を2つに分けて、2拍ずつコードチェンジしていくのも常套手段です。

進行例①：C→F→F→G
進行例②：C→F→G→G

キー G の場合 》》G→G→C→Dと進むコード

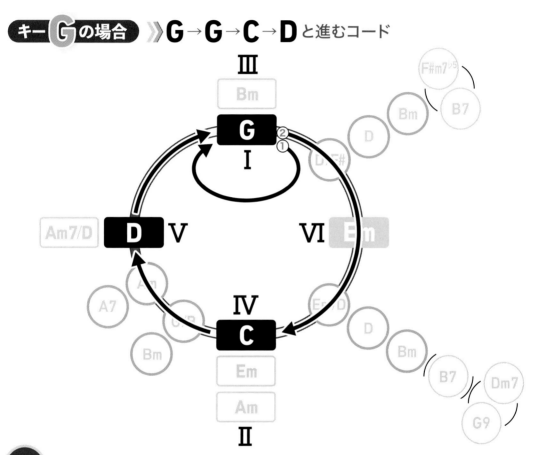

Point! キーGのバリエーション

キー C と同様に、キー G でも循環コードの G→Em→C→D の Em を飛ばしたり、それぞれの滞在時間を変えて演奏してみましょう。時計回りという大前提を崩さなければ、各駅の小さな駅に寄り道しても大丈夫ですが、寄り道ばかりするとうまくいかないことも。はじめのうちはあくまでも大きな駅を中心にコードを組み立てていくといいと思います。

進行例①：G→C→C→D
進行例②：G→C→D→D

『コード路線図』の使い方 その❺
路線図の中にあるちょっと特殊な駅（コード）について

『コード路線図』には、1つの駅の中に2つのコードが書かれた（キーCの場合の「Bm7♭5」「E7」など）があります。ここでは、このちょっと特殊な駅について解説したいと思います。

キー C の場合

≫ C→（Bm7♭5→E7）→Am→（Gm7→C9）→F→G

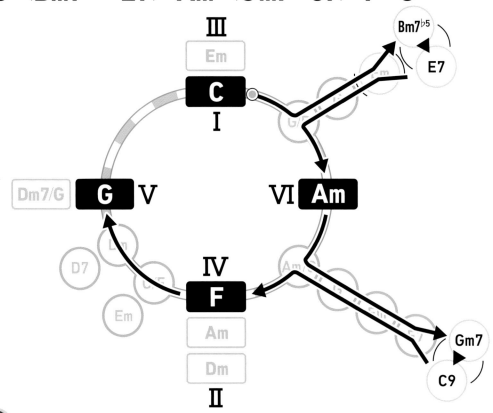

Point! 2つのコードのある特殊な駅について

　キーCで1つの駅の中に2つのコードがあるものは、CとAmの間にあるBm7♭5→E7、そしてAmとFの間にあるGm7→C9です。これらの駅を使う際のポイントは、それぞれBm7♭5に寄り道したらE7を、Gm7に寄り道したら

C9のコードをセットで使うということです。ただし、C→（Bm7♭5を使わずに）E7→Am〜のように、連続するコードの後者だけを使って流れを作ることは問題ありません。

≫C→(E7)→Am→(C9)→F→G

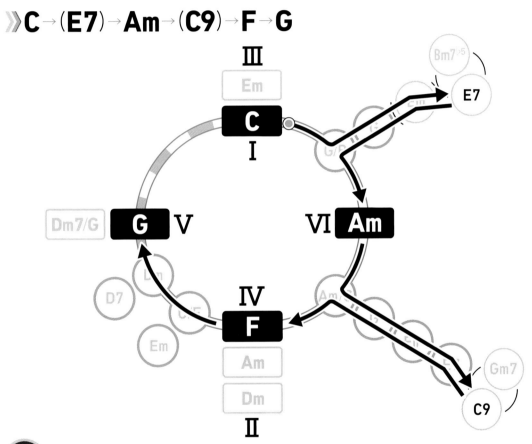

Point! 特殊な駅を使った定番の例

　こちらがBm7♭5やGm7を使わずに、後者の E7やC9を使ったコード進行の例。実は定番の コード進行ですので、皆さんもどこかで聴いた ことがあると思います。なお、E7はE、C9は C7やCでも代用可能です。

≫ G→(F#m7♭5→B7)→Em→(Dm7→G9)→C→D

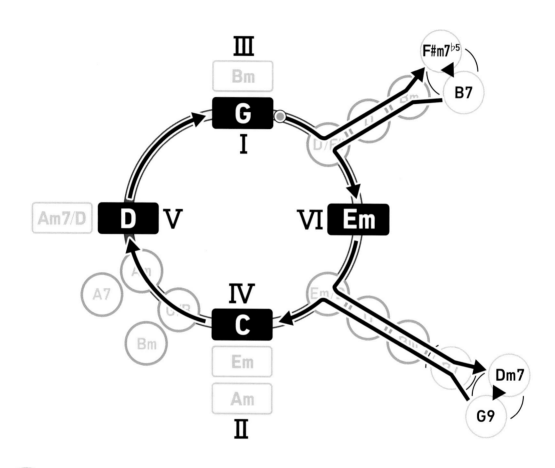

Point! 寄り道のセットについて

　キー G の路線図の場合、1つの駅の中に2つの
コードがあるものは G と Em の間にある F#7♭5
→B7、そして Em と C の間にある Dm7→G9 に
なります。キー C の路線図同様、F#7♭5 に寄
り道したら B7 を、Dm7 に寄り道したら G9 を

セットで使うようにしてください。ただし、こ
れもキー C の場合同様に G→「(F#7♭5 を使わ
ずに) B7→Em ～のように、連続するコードの
後者だけを使って流れを作ることは問題ありま
せん。

》G→(B7)→Em→(G9)→C→D

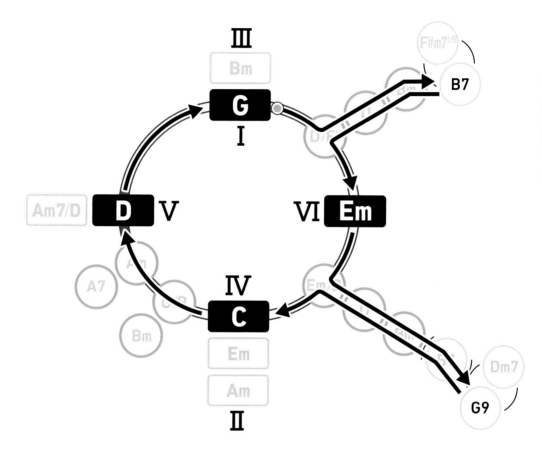

Point! 寄り道のセットのバリエーション

こちらが、キーGの路線図で2つのコードが組になっている駅の後者だけを使ったコード進行の例です。つまり、F#7♭5やDm7を使わず

に、後者のB7やG9を使ったパターン。ちなみに、B7はB、G9はG7やGでも代用可能です。

愛用ギターについて（ギブソン編）

Point! ギブソンを2本持っているのは、同じミッド系でもレンジがちょっと
違っていてキャラクターに差があるからです。

——織田さんの愛用しているギブソンの
ギターについて教えてください。

　私はJ-45とJ-200を使っているんですが、
まずギブソンのギターって本当に個体差が大き
いんです。同じ型番ならいいと思ったら大間違
い。例えば、ハズレだとローが全然なくて使
い物にならないとかね。ギブソンだけは実際に
弾くまで信用しちゃダメです。型番だとか金額
じゃないんです。それで、ちょっと古めの個体
なんですが、やっといいものに巡り合って。

　ギブソンは、マーティンと比較するとレンジ
が狭いんです。オケと合わせたときは、その狭
さゆえにミッドで塊になって聴こえやすいって
いう特徴があります。そんなギブソンを2本
持っているのは、同じミッド系でもレンジが
ちょっと違っていてキャラクターに差があるか
らです。

　J-45の方はミッドの中でもちょっとハイ寄
りで、J-200と比べてストロークがチャカ
チャーンって感じで、とてもキレイな音がしま
す。同じキレイ系でもマーティンだとフォーク
寄りなんだけど、ギブソンは爽やかでもロック
寄りになるんですね。

　一方、J-200の方はミッドの中でもロー寄り
で、ロックなオケの中でもガッツがある音で聴
こえやすいんです。曲調もロック的な思い切り
力を込めてジャカジャーンって弾くと、気持ち
いいってところがあります。実際に、そういう
曲のレコーディングでよく使っています。

↑ギブソン J-45（1959年）

↑ギブソン J-200（1961年）

Chapter ②
『コード路線図』で
Ａメロ、Ｂメロ、サビを作る

『コード路線図』の基本的な使い方に続いて、ここからは実際の曲作り（Ａメロ、Ｂメロ、サビ）で『コード路線図』を活用する方法を解説していきましょう。チャプター後半ではZARD「負けないで」を例に、コード路線図を応用するテクニックも紹介します。

『コード路線図』で展開する Aメロ、Bメロ、サビのコード進行

これまでに紹介した『コード路線図』のルートは4小節程度の短いものでしたが、実際の曲ではこういったコード進行をAメロやBメロ、サビといったセクションごとに組み合わせていきます。それでは具体的に見ていきましょう。

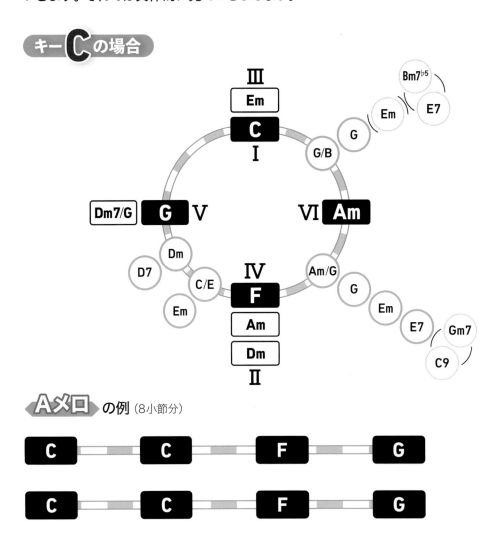

キー C の場合

Aメロ の例 (8小節分)

例えば、Cを始発駅として主要駅を繋いだ循環コードのC→Am→F→GをAメロとしてみましょう。ただ、CからAmへ進むのはちょっと昭和っぽいから、C→C→F→Gというコード進行で路線図を2周してみます。このあたりは楽曲を作るセンスなので、何が正解というのはありませんが、鼻歌でメロディを口ずさみながらやってみるといいと思います。

◤Bメロ◢ の例 (8小節分)

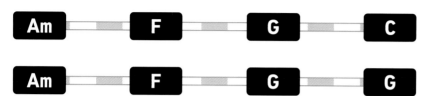

先ほどのAメロに続くBメロとしては、始発駅をマイナーコードの**Am**にして**Am→F→G→C**とするパターンが考えられます。明るく元気なメジャー調のAメロに対して、Bメロはちょっとマイナー寄りに落とすことで変化が生まれます。また、2周目では、**Am→F→G→G**というようにサビへ進むためのタメを入れてみるといいでしょう。

◤サビ◢ の例 (8小節分)

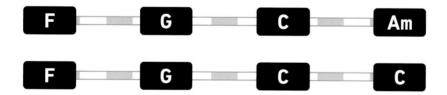

サビでは始発駅をコードの**F**に変えてみて**F→G→C→Am**という進行で1周、2周目は**F→G→C→C**と最後に**Am**へ進まずに**C**で停車します。こんな風に始発駅を変えて路線図を周回すれば、Aメロやbメロ、サビのような違いを表現しつつ1曲分のコード進行が作れます。

🔍 コードの始発駅や停車駅には、いろいろな選択肢がある

Aメロ、Bメロ、サビには、ここで紹介した始発駅や停車駅のパターンだけではなく、もっといろんな選択肢があります。例えば、Aメロを「C」以外の始発駅から始めてもいいし、サビとして紹介したコード進行をそのままAメロで使ってもかまいません。

P.109以降の特別編では、始発駅違いを含むコード進行のバリエーションに加えて、Aメロ、Bメロ、サビで多用される定番のコード進行を多数紹介しているので、そちらも参考にしてみてください。

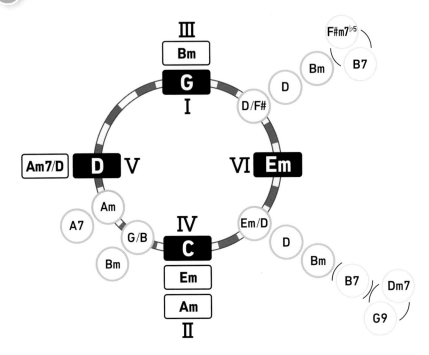

Aメロ の例（8小節分）

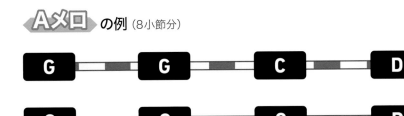

　続いて、キー G の場合の A メロの例を紹介します。キー C のときと同様に、例えば G を始発駅とすると G→G→C→D と進むコード進行が考えられます。ただ、どんなコード進行にするかは、その人次第で正解というのはありません。

　P.82 や P.84 で紹介しているメロディの作り方などを参考に、鼻歌を口ずさみながら色々と試してみるといいでしょう。

Bメロ の例（8小節分）

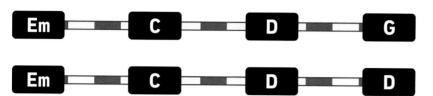

Aメロに対して、Bメロは Em→C→D→G と するコード進行が考えられます。明るく元気な メジャー調の Aメロと違って、Bメロをマイナー コードから始めることで「雰囲気を変える・曲 に展開を生む効果」が期待できます。

また、Bメロの2周目の最後は Em→C→D→D と D を2回繰り返しているわけですが、この部 分がサビへ進むためのタメを生む効果につな がっていきます。

サビ の例（8小節分）

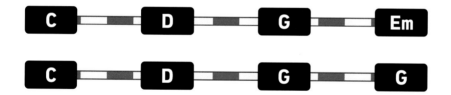

サビは始発駅のコードを C に変えて、1周目 は C→D→G→Em、2周目は C→D→G→G と最後に Em へ進まずに G で停車するパターン などが考えられます。

サビは、最後を終わった感じにするか、それ ともあえて浮いたような感じにして間奏へとつ なげるか、このような点にも意識してコード進 行を考えることが大切になってきます。

🔍 Aメロ、Bメロ、サビ以外のコード進行について

Aメロ、Bメロ、サビの3つのセクションのコード 進行を作れば1コーラス分ができあがりますが、そ れを1曲として仕上げるにはさらにイントロやエンデ ィング、間奏などのコード進行も必要になります。 すでにあるセクションのものを流用したり、歌中とは

違うインパクトのあるコード進行を使うなど、その 手法は様々です。P.142 では既存のコード進行から イントロやアウトロ（エンディング）を作るアイディ アを紹介していますので、そちらも参考にしてみて ください。

『コード路線図』を応用してみよう!
参考曲：ZARD「負けないで」【キーCの場合】

ここからはコード路線図の応用編です。ページ左がコード路線図を中心にしたシンプルな
バージョンで、ページ右は実際の楽曲で使われているコード進行になります。

キー C の場合

◉ **コード路線図を中心にしたシンプルなバージョン**

Aメロ

| F | G | Em | Am | | F | G | Em | Am |
ふとした瞬間に 視線がぶつかる　　幸福のときめき 覚えているでしょ

Bメロ

| Dm A | F | G | Am | | E | C D | F | G |
パステルカラーの 季節に恋した　　あの日 のように 輝 いてる あなたでいてね

サビ

C　　G Am Em F　C Dm　　G　　　C　　G Am Em F　C　　Dm E
負けないで もう少し 最後まで走り抜けて　　どんなに離れてても 心はそばにいるわ

F　　　　G　　C
追いかけて 遥かな夢を

間奏

C G - Am Em - F C - Dm G

サビ

C　　G Am Em F　　C Dm G　　　C　　G Am Em F　C　　Dm E
負けないで ほらそこに ゴールは近づいてる　　どんなに離れてても 心はそばにいるわ

F　　　　G　　C
感じてね 見つめる瞳

アウトロ

C G - Am Em - F C - Dm G - C F - C

※アコギで演奏する際は、分数コードの「DmM7/C#」は弾きやすいコードに代用可能です。
詳しくはP.76を参照してください。

詳しくはP.76を参照してください。

キー C の場合

◎ 実際のコード進行

Ａメロ

F	G	Em7	Am		F	G/F	Em7	A	A7

ふとした瞬間に 視線がぶつかる　　幸福のときめき 覚えているでしょ

Ｂメロ

Dm DmM7/C# F/C　　G/B　Am　　　E/G#　　　C/G F#m7♭5 FM7　Gsus4　G

パステ　　　ル カラーの 季節に恋した　あの日 のように 輝 いてる　あなたで いて ね

サビ

C　G/B Am Em Fadd9 C/E Dm7　G　C　　G/B Am Em Fadd9 C/E Dm7　E7

負けないで もう少し 最後 まで 走り抜けて どんなに 離 れてても 心は そば に いるわ

F　　　　G Cadd9

追いかけて 遥かな夢を

間奏

C　G/B - Am Em7 - Fadd9 C/E - Dm7 Gsus4　G

サビ

C　G/B Am　Em Fadd9　C/E Dm7 G　C　　G/B Am Em Fadd9 C/E Dm7　E7

負けないで ほらそこに ゴールは 近 づいてる どんなに 離れてても　心は　そば に いるわ

F　　　　G7 Cadd9

感じてね 見つめる瞳

アウトロ

C　G/B - Am Em - Fadd9 C/E - Dm7 Gsus4 G - C F/C - C

Aメロ のコード進行

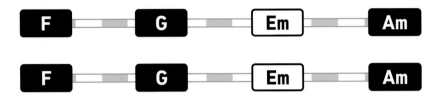

　「ふとした**瞬間に**〜」から始まるAメロは、F→G→Em→Am。「**幸福のときめき**〜」の部分も同じくF→G→Em→Amというコード進行で弾くことができます。これは、コード路線図のFのコードから大きな駅（■）を左回りで順番につないだコード進行ですね（Cのところは「□」のEmを使用）。

実際の Aメロ のコード進行

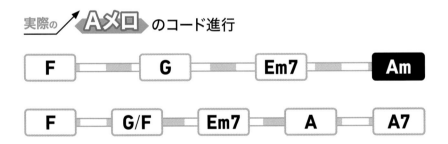

　実際の楽曲で使用されているAメロのコード進行は、「ふとした**瞬間に**〜」のところがF→G→Em7→Am。「**幸福のときめき**〜」の部分はF→G/F→Em7→A→A7となっています。このようにコード路線図に出てくるコードを7thが入ったものやオン・コードにすることで、より複雑で深みのある響きになっていることがわかると思います。

　最後にAmの代わりにコード路線図に載っていないコードAとA7が登場しますが、これは、路線図上のAm以外の大きな駅（■）にある「□」のコードのようなもので、Bメロの1つ目のコードDmへと進むときにAmの代わりに選べるコードとなります。

Bメロ のコード進行

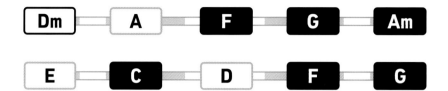

Bメロのコード進行は、コード路線図では再現できないコードとコード進行となっていますが、順番に見ていきましょう。まず「**パステルカラーの〜**」は、Dm→A→F→G→Am。「**あの日のように〜**」の部分はE→C→D→F→Gで弾くことができます。

ここで、歌詞やコードチェンジのタイミングではなくコード進行のみに注目してみましょう。Dm→A→F→Gと、次のAm→E→C→Dは実はコード名は違うものの進み方は一緒で、調(Key)が違うだけであることがわかります。

実際の Bメロ のコード進行

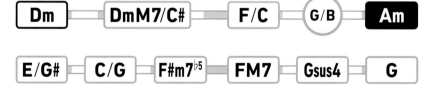

実際にリリースされた楽曲で使用されているBメロのコード進行は、「**パステルカラーの〜**」部分がDm→DmM7/C#→F/C→G/B→Am。「**あの日のように〜**」のところはE/G#→C/G→F#m7♭5→FM7→Gsus4→Gとなっています。よく見ると、コード進行のベース部分が「レ(D)-ド#(C#)-ド(C)-シ(B)」、「ラ(A)-

ソ#(G#)-ソ(G)-ファ#(F#)」、そしてファ(F)まで降りた後にソ(G)と動いてますよね。このように、オン・コードなどを利用してベースの音が半音ずつ変化していくコード進行のことをクリシェと言います。

なお、音程が下降していくのとは逆に、上昇していくクリシェもあります。

◢ サビ ◣ のコード進行

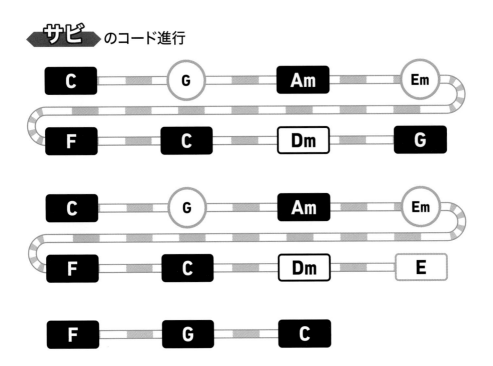

「**負けないで～**」から始まるサビの部分は、
C→G→Am→Em→F→C→Dm→G。

「**どんなに～**」のサビのコード進行部分は
C→G→Am→Em→F→C→Dm→E。

「**追いかけて～**」はF→G→Cのコード進行で
弾くことができます。ここでは、簡単に演奏で
きるように、路線図上の小さな駅にあるオン・
コードからベース部分の音を省略しています。

実際の **サビ** のコード進行

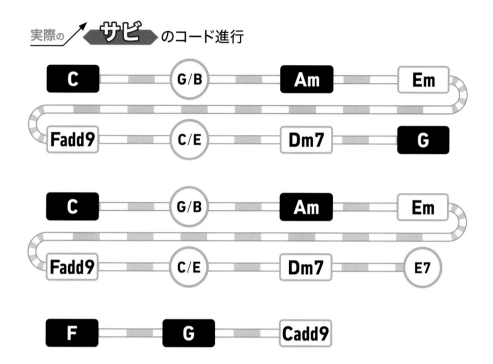

　実際にリリースされた楽曲のサビは、「**負けないで～**」の部分のコード進行がC→G/B→Am→Em→Fadd9→C/E→Dm7→Gとなっています。

　これは、路線図にある大きな駅CとAmの間に小さな駅のG/Bを、AmとFの間にEmを、そして、F（Fadd9）とGの間にC/EとDm（Dm7）の2駅を経由していくコード進行です（一部コードには7thや9thが含まれています）。

　続く「**どんなに～**」の部分はC→G/B→Am→Em→Fadd9→C/Eまでは同じ進行を繰り返しますが、Dm7→E7と最後のコードが異なります。

　最後のサビの「**追いかけて～**」のところは、F→G→Cadd9です。これは路線図の大きな駅「F」「G」「C」をつないだコード進行ですが、7thや9thを含むコードを使用している点がポイントになります。なお、続く間奏やエンディングのコード進行は、サビの「**負けないで～**」のコード進行を使っています。

『コード路線図』を応用してみよう！
参考曲：ZARD「負けないで」【キーGの場合】

続いて、キー G の場合です。ページ左がコード路線図を中心にしたシンプルなバージョンで、ページ右は実際の楽曲で使われているコード進行になります。

キー G の場合

● コード路線図を中心にしたシンプルなバージョン

Aメロ

| C | D | Bm | Em | | C | D | Bm | Em |

ふとした瞬間に 視線がぶつかる　　幸福のときめき 覚えているでしょ

Bメロ

| Am E | C | D | Em | | B | G A | C | D |

パステルカラーの 季節に恋した　　あの日 のように 輝 いてる あなたでいてね

サビ

| G | D Em Bm C | G Am | D | | G | D Em | Bm C G | Am B |

負けないで もう少し 最後まで走り抜けて　　どんなに離れてても 心はそばにいるわ

| C | D | G |

追いかけて 遥かな夢を

間奏

G D - Em Bm - C G - Am D

サビ

| G | D Em Bm C | G Am D | | G | D Em | Bm C G | Am B |

負けないで ほらそこに ゴールは近づいてる　　どんなに離れてても 心はそばにいるわ

| C | D | G |

感じてね 見つめる瞳

アウトロ

G D - Em Bm - C G - Am D - G C - G

※アコギで演奏する際は、分数コードの「AmM7/G#」と「B/D#」は弾きやすいコードに代用可能です。
詳しくはP.77を参照してください。

詳しくはP.77を参照してください。

キー G の場合

◉ 実際のコード進行

Aメロ

| C | D | Bm7 Em | | C | D/C | Bm7 E | E7 |

ふとした瞬間に 視線がぶつかる　　幸福のときめき 覚えているでしょ

Bメロ

Am AmM7/G# C/G　　D/F#　　Em　　B/D#　　　　G/D C#m7♭5 CM7　Dsus4 D

パステ　　　　ル カラーの 季節に恋した　　あの日 のように 輝 いてる あなたで いて ね

サビ

G　D/F# Em Bm Cadd9 G/B Am7　　D　G　　　D/F# Em Bm Cadd9 G/B Am7　B7

負けないで もう少し 最後 まで 走り抜けて どんなに 離 れてても 心は そば に いるわ

C　　　　D Gadd9

追いかけて 遥かな夢を

間奏

C　　D/F# - Em Bm7 - Cadd9 G/B - Am7 Dsus4 D

サビ

G　　D/F# Em　Bm Cadd9　G/B Am7　D　G　　D/F# Em　Bm Cadd9 G/B Am7 B7

負けないで ほらそこに ゴールは 近 づいてる どんなに 離 れてても　心は　そば に いるわ

C　　　D7　Gadd9

感じてね 見つめる瞳

アウトロ

C　　D/F# - Em Bm　- Cadd9 G/B - Am Dsus4 D7 - G C/G - G

Aメロ のコード進行

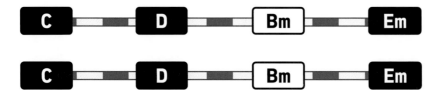

「ふとした瞬間に〜」から始まるAメロは、C→D→Bm→Em。「幸福のときめき〜」の部分も同じくC→D→Bm→Emというコード進行で弾くことができます。これは、コード路線図のCのコードから大きな駅（■）を左回りで順番につないだコード進行です（Gのところは「□」のBmを使用）。

実際の Aメロ のコード進行

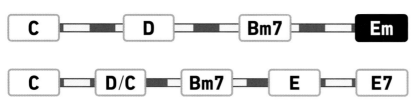

実際にリリースされた楽曲では、「ふとした瞬間に〜」のコード進行がC→D→Bm7→Em。「幸福のときめき〜」のコード進行がC→D/C→Bm7→E→E7となっています。キーCのときと同様、コード路線図に出てくるコードに7thやオン・コードの入ったものを絡めることで、より複雑で深みのあるコード進行（響き）になっています。

最後のEmのかわりに登場するEとE7は、路線図上のEm以外の大きな駅（■）にある「□」のコードに相当します。EはEmのかわりに選択することができ、さらに7thを入れたE7を経由したことでBメロの1つ目のコードAmへと進む流れが強調されています。

Bメロ のコード進行

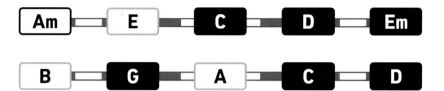

| Am | E | C | D | Em |

| B | G | A | C | D |

キーGの場合もBメロのコード進行は、コード路線図では再現できないものですが、順番に見ていきましょう。まず「**パステルカラーの〜**」部分はAm→E→C→D→Em。「**あの日のように〜**」の部分はB→G→A→C→Dで弾くことができます。キーCのときと同じく、歌詞とコードチェンジのタイミングではなく、コード進行のみに注目してみましょう。すると、出だしのAm→E→C→Dと続くEm→B→G→Aは、コード名（調：Key）は違うものの同じ動きをするコード進行になっています。こういった定番のパターンは作曲や耳コピの際に参考になるのでぜひ覚えておきましょう。

『コード路線図』でAメロ、Bメロ、サビを作る

実際の Bメロ のコード進行

| Am | AmM7/G# | C/G | D/F# | Em |

| B/D# | G/D | C#m7♭5 | CM7 | Dsus4 | D |

実際にリリースされた楽曲のBメロは、「**パステルカラーの〜**」の部分がAm→AmM7/G#→C/G→D/F#→Em。「**あの日のように〜**」にところがB/D#→G/D→C#m7♭5→CM7→Dsus4→Dとなっています。ここで、ベースに着目すると、「ラ（A）-ソ#（G#）-ソ（G）-ファ#（F#）」、「ミ（E）-レ#（D#）-レ（D）-ド#（C#）」、そして**ド（C）**まで降りた後に**レ（D）**と動いていることに気付くでしょう。このような音程の下降、あるいは上昇の音程の動きするコード進行のことをクリシェと言います。

また、先程の簡単なコード進行の例で紹介したように、前半の4つと後半の4つのコード進行の流れは一緒ですが、ここでは異なるコードでクリシェを表現している点にも注目してください。これらをクリシェのバリエーションとして覚えておくと作曲時に選択できるコード進行の幅が広がります。

◀ サビ ▶ のコード進行

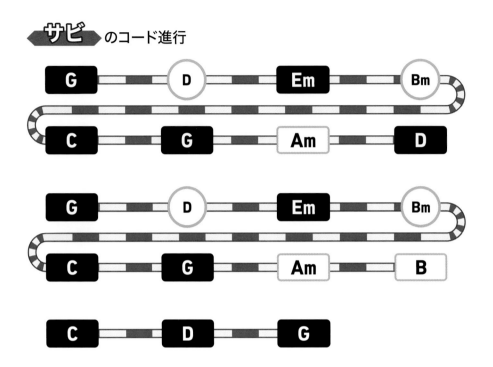

　「**負けないで〜**」から始まるサビの部分は、
G→D→Em→Bm→C→G→Am→D。
　「**どんなに〜**」のサビのコード進行部分は
G→D→Em→Bm→C→G→Am→B。「**追い**

かけて〜」の部分はC→D→Gで弾くことがで
きます。ここでは、簡単に演奏できるように、小
さな駅にあるオン・コードからベース部分の音
を省略したコードになっています。

実際の **サビ** のコード進行

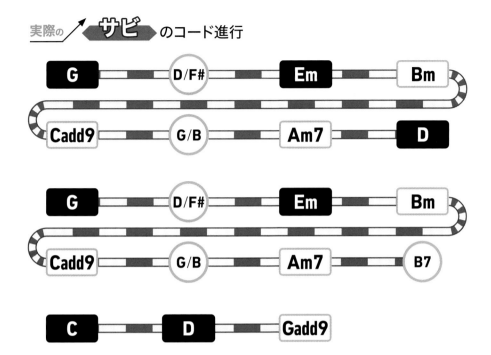

　実際にリリースされた楽曲のサビは、「**負けな
いで～**」のところはG→D/F#→Em→Bm→
Cadd9→G/B→Am7→Dとなります。

　これは、路線図にある大きな駅の間にある小
さな駅を経由していくパターンで、GとEmの
間にはD/F#、EmとCの間はBm、CとDの間
はC/EとDmのコードが入っています（一部
コードには**7th**や**9th**が含まれています）。

　続く「**どんなに～**」の部分はG→D/F#→Em
→Bm→Cadd9→G/Bまでは同じ進行を繰り

返しますが、Am7→B7と最後のコードが異な
ります。さらに「**追いかけて～**」のところは、
C→D→Gadd9です。これは路線図の大きな
駅「C」「D」「G」をつないだコード進行ですが、
7thや**9th**を含むコードを使用している点がポ
イントになります。

　そして、「G（Gadd9）」の後に続く間奏やアウ
トロのコード進行は、サビの「**負けないで～**」の
コード進行と同じになっています。

このチャプターの最後に、ZARD「負けないで」をアコギで弾く際に欠かせないコード（押さえ方）を紹介しておきます。なお、前述した通りキー「C」では「DmM7/C#」を「DmM7」、キー「G」の場合は「AmM7/C#」を「AmM7」、「B/D#」を「B7/D#」に代用するとより弾きやすくなります。これらのコードも覚えて、実際のコード進行で楽曲を弾いてみましょう！　コード路線図に出てくるコードにプラスアルファの要素を追加することで、楽曲のニュアンスがより細かく表現できることが実感できると思います。

キー C の場合

DmM7の押さえ方

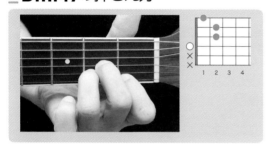

F/Cの押さえ方

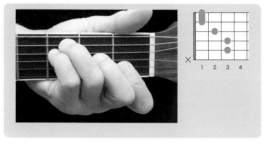

E/G#の押さえ方

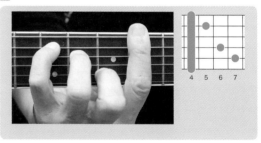

キー **G** の場合

≡ **D/C**の押さえ方

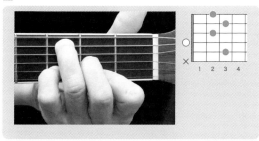

≡ **AmM7**の押さえ方

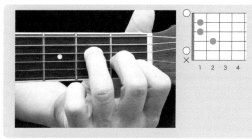

≡ **B7/D#**の押さえ方

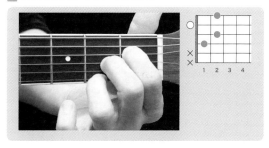

≡ **G/D**の押さえ方

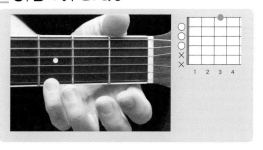

≡ **C#m7**♭5の押さえ方

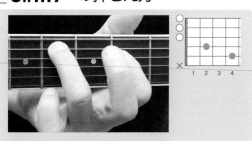

≡ **CM7**の押さえ方

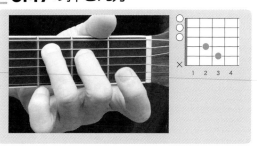

≡ **Dsus4**の押さえ方

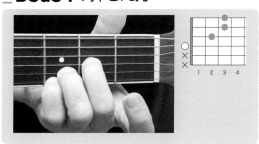

『コード路線図』でＡメロ、Ｂメロ、サビを作る

曲の構成について

Point! 曲の構成とメロ作りの順番っていうのは、別の問題なんです。

──曲の進行（構成）はどの時点で決めるのですか。それに合わせてメロディを作る順番は変わりますか？

　こればっかりはケース・バイ・ケースです。例えば、イケてるフレーズが浮かんだとして、これはＡメロだなって思ったら、そこから順番に作っていって完成させることもあるし、逆に、パッと先にサビが浮かんで、このサビを活かすためには他の部分どうすればいいかと、考えながら作っていくこともあります。

　実際、曲の構成とメロ作りの順番っていうのは別の問題なんです。どういう構成がそのフレーズを活かせるのかっていうのは、アレンジ的な話にも関係してくるんですよ。

──今（配信）と昔（ＣＤ）では、曲作りに何か違いはありますか？

　そうですね。ジワジワと時間をかけて盛り上げていくとか、間奏のような'間'を作れないっていう傾向があるとは思います。今は、リスナーに退屈だと感じさせる瞬間があると、ピッと飛ばされちゃうので（苦笑）。

　以前の２コーラス目は、１コーラス目のメロを丸々リピートするアレンジが多かったんですけど、今じゃ２コーラス目が同じだったら飛ばされちゃう。だから、２コーラス目ではリスナーが「あれっ？」って思うような変化があった方が良いです。全体の構成も昔なら１番、２番、最後にサビを繰り返して終わりだったのが、もっと大きく盛り上げるために最後のサビの前に一度しか出てこない大サビを入れて…とか。とにかく飽きさせないための努力が、より必要になっていると思います。

──デモテープの作り方も変わってきているのですか？

　はい。最近ではデモの段階からアイディアを盛り込んでおかないと、デモを聴いてもらう段階から退屈だって飛ばされちゃう。なので、作曲家の人もデモテープからしっかりと作り込んでいることが多いです。作曲といってもメロディだけ考えればいいって時代ではないなと思います。

Chapter ③
メロディ作りの心構えと考え方（Q&A）

作曲する上でコードとメロディは切っても切り離せない関係です。ここでは、織田さんにメロディ作りの心構えと考え方について質問してみました。

メロディはＡメロから順番に 作っていくものなのでしょうか？

 どこから作ってもOK、
作ったものは記録して残しておこう！

Point!

Ａメロから順番にってことはないです。も
う、どこから作ってもいいんです。それこそ、
曲の一部だけが先にできあがっても、他は全
然できないってこともあるし、何となく頭か
ら最後までツルッとできちゃったことだって
あります。例えば、B.B.クイーンズの「**踊る
ポンポコリン**」なんかは何も考えずに歌い始
めて、そのまま最後まで歌ったら完成みたい
な（笑）。さすがに、そういうことは珍しいで
すけど。

今はスタジオで曲作りをすることが多いん
ですが、まあ、メロディが思い浮かぶのはい
つでもどこでもって感じではあります。若い
ころならイケてるフレーズは覚えてたけど、
だんだんと忘れるようになってきたので録音
して残しています。でも、昔は大変でしたよ、
持ち運べるテレコがなかったから無理やりメ
モか何かに「**ドレミ**」とかで書いたり、家の電
話に留守録機能が付いたらそこに録音してみ
たりとか。

最初から楽譜を書く人もいると思います
が、私の場合はギターかピアノで伴奏しなが
ら鼻歌で歌ったものを録音しています。そし
て、デモテープとしてちゃんと録音する段階
で楽譜にしています。今ならスマホとかで簡
単に録音できるから、よほど楽譜に強い人
じゃない限りは録っておくのがいいと思いま
す。

Chapter 3

Q2 浮かんだメロディの良し悪しは どうやって判断しますか？

→ まずは、自分がそのメロディにワクワクするかどうか！
初心者の人は曲を完成させることが大切！

Point!

いいメロディというのは、それが浮かんだときに自分がワクワクするものなんです。「**このメロディ、何かいいじゃん**」って思ったら、どんどん先へ進めていけばいい。もちろん、いいと思って進めても途中で頓挫することもあります。せっかくいいメロディができたのに、どうしても上手くまとまらなくてウン十年ほっとかれている曲とか。カセットテープの時代から録りためていたものの中には、そんな未完成な曲っていうのも死ぬほどあって。でも、たまに聴き直すと、意外といいものがあったりするんです。だから、浮かんだメロディやフレーズをストックしておくのはアリだと思います。

自分の「**ワン・ナイト**」ってアルバムに「**サンライズ サンセット**」って曲があるんですが、それは30年くらいほっとかれていた曲なんです。それを聴き直したとき、今このアルバムに入れるべきだと思って。そういうこともあるんです。

とは言っても、作曲初心者の人に言いたいのは、自分がいいと思ったメロディは「**完成させろ**」、そして、曲として「**発表しろ**」です。やっぱり、完成させたものを人に聴かせるって、すごく大事なんです。頭の中ではスゴくカッコいい気がしても、それを実際に形にしてみるとそれほどでもなかったりして。でも、その過程で「**次はもっとこうしよう**」ってことに気付いて向上していくんです。頭の中だけで「**俺スゲェ**」って思ってるだけじゃダメで、完成させて発表してボロクソ言われろってことです（笑）。

『ワン・ナイト』
織田哲郎
ユニバーサルミュージック
UPCH1541

メロディ作りの心構えと考え方（Q&A）

Aメロ、Bメロ、サビの違いを
どのように考えたらいいのでしょうか？

メロディを横から見た風景に例えて考えてみよう！

Point!

例えば、ベートーベンの「**運命**」の冒頭「ジャジャジャジャーン、ジャジャジャジャーン」ってところは、同じ形のフレーズが音程を変えて繰り返されている。それを絵として見ると、同じような家並みが続いている風景に例えることができると。そんな風にメロディを眺めたとき、Aメロでは同じような形の家が並んでいて、サビはポンと上がって山みたいになっているとか、視覚的に捉えることでポップスにおけるメロディの展開とはどういうものなのかっていう概念が見えてくると思います。

そして、自分のメロディを見たとき、初心者の人にありがちなのが、リズムを変えずに音程の上下だけでメロディを作っているってパターンなんです。Aメロで「**ラララララー**」って始まって、サビでも音程が変わっ

ただけで「**ラララララー**」って歌うから変化に乏しくて単調になる。

もちろん、それでもいいんだけど、例えば、Bメロに「**ラーララーララー**」みたいなリズムのちょっと違うフレーズが入ると、印象がガラっと変わるわけです。これを先程の音程の高さとリズムの長さを横から見た風景として捉えれば、Aメロは平地に小さな家が並んでいて、Bメロで坂道があって、サビでは工場が並んでいるみたいな感じでしょうか。つまり、メロディを視覚的に捉えて、音程や音域の上下、リズムの長短による「**形**」を意識して変化を作っていくのがAメロ、Bメロ、サビの展開を作っていくためのコツなんです。

やっぱり日本語向き、英語向きのメロディというのはありますか？

英語はグルーヴィ、日本語はメロディアスなメロディが特徴！

Point!

アマチュア時代は英語の歌しか歌ってなくて、日常的にも洋楽ばかり聴いていたんです。なので、英語で歌うメロディの方が馴染みがあったんです。ただ、そのまま日本語をハメると間延びしちゃってつまらない。そこで、プロになってからは「**日本語が馴染むメロディとはどういうものなのか**」といろいろ考えるようになって、作り方も変わっていきました。日本語／英語に関係なく「**良いメロディ**」っていうのはあるんだけど、英語の方が馴染むメロ、日本語の方が馴染むメロいうものは確実にあります。

例えば、英語圏からラップっていうものが出てきたのは必然で、英語は喋りだけでも子音だけのところがあるからグルーブが出やすいんですよ。日本語には全部母音が付くから絶対に同じグルーブにはならないんです。それでも、日本語で洋楽的なノリのある音楽を作りたかった人たちが、例えば、サザンの桑田さんやキャロルの矢沢さんを筆頭にいろん

な人が闘ってきた歴史があるわけです。さらに今では、日本語ラップのように英語っぽく歌うのとは違う日本語のグルーヴが作れる人たちも出てきた。

ものすごく単純な言い方をすると、英語はメロディラインが動かなくてもノリが出せるからカッコよく聴こえるんです。今の英語圏のヒットチャートって、ラップに限らずメロディがカチカチしたものが多くて、1980年代までの洋楽ポップスのようなメロディアスな曲ってホントに減ってきています。

だから、今の洋楽でカッコいいメロディを、そのまま日本語で歌うと退屈になりがちです。そこで、日本語の歌はリズムやノリではなくてメロディ自体の音程の上下とかコード感でサービスせざるを得ない。洋楽はメロディに限らずコードもJ-POPのように動くものは主流じゃないから、J-POPって独自のところへ行っているんです。それは、日本語が元々持っていた特性みたいなものだと思います。

メロディを魅力的にするためには どうすればいいですか？

⑤

コードとぶつかる緊張感のある音など 「外し方」を工夫してみよう！

Point!

　ポップスのメロディっていうのは、あるべきところに収まるところに快感があるんです。でも、収まりすぎると昭和っぽくなるからいろいろな「外し方」を考えます。

　例えば、伴奏のコードがCだとすると、「ド」と「ミ」と「ソ」はそれぞれコードの構成音なので、コードの中で無理なく収まる音に

なります。でも、「ラ」だとコードの音から外れて（ぶつかって）気になるじゃないですか。だけど、「ラ」から「ソ」へと進めば収まりがいい。映画「**追憶**」のテーマの歌いだしはこのパターンです。ビートルズの「**イエスタディ**」の歌いだしも同じで「レ」から「ド」へと進んで解決するし、その後のAmのコードのとこ

▼コードの音から外れて音がぶつかる

▼音がぶつかっても解決させる

ろでも「**シ**」でコードの音にぶつけてから「**ラ**」の音へ進みます。この「**コードの音から外れたぶつかる音から無理なく鳴らせるコードの音へと進む**」ってところがポイントで、この緊張と緩和によって快感が生まれます。そこを知っておかないと、コードの邪魔をしない音だけでメロディを作りがちになるんです。

自分の作ったメロディがちょっと退屈だなって思って見直すならば、同じリズムの繰り返しで単調なところを変化させるように、音程についても一度コードの音から外して緊張感を作ってから解決してホッとさせるような要素を入れていくといいと思います。

▼緊張と緩和でメロディを作るのがポイント

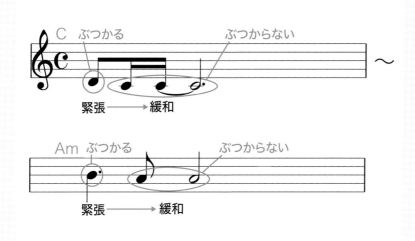

コード進行は何でもOK、
バラードで有効なのはadd9の響き！

Point!

やっぱり、バラードだったらCから順番に降りていくC→G/B→Am→C/G→F→C/E→Dm→Gなんて進行は、私もさんざん作りましたけど定番です。でも、『コード路線図』の小さな駅に寄り道すればバラードの進行になるってことでもなくって、例えば、青春パンクなC→F→Gでもゆっくりとしたテンポでやればバラードのコード進行なんです。それで、BメロでAm→Em→F→Gなんてやって、サビで下降するC→G/B→Am→C/G〜なんてやってる曲はいっぱいあります。

▼バラード的コード進行例

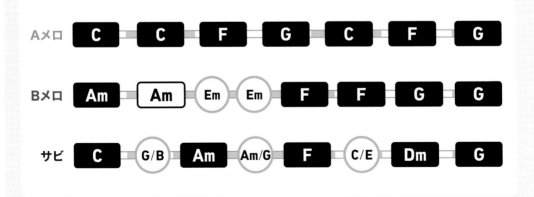

　あと、やっぱりバラードらしいコードでお勧めなのは add9 です。青春パンクな C→F→G って進行も、Cadd9→Fadd9→G にするとオシャレになる。このとき、9th の音を足しつつ 3rd の音を抜くのが、今どきのコードのポイントです。特にマイナー調のコード進行が昭和っぽいなって感じたときは「add9 の 3rd 抜き」です。

▼「add9」を加えたＡメロのコード進行の例

▼どマイナー進行に3度抜き「add9」を加えた進行例

作ったメロに対して歌詞を書いてもらう ときに何か注文しますか？

→ メロディのアウトラインを伝えて、
作詞家のノリで歌詞をハメてもらいます！

Point!

仮歌にもいろいろなやり方はあるようです
けど、私の場合は細かいところは決めないで、
おおまかなリズムのアウトラインが分かるよ
うに鼻歌でメロディを歌ったものを渡すこと
が多いです。

なぜかと言うと、本来日本語というのは、
英語と違って必ず全部の音に母音が付いてい
て、子音だけの音は存在しない言葉なんです
よ。だから、昔の歌謡曲は1つの音に1文字
ずつ当てはめていました。だけど、サザンの
桑田さんの功績が大きいと思うんですが、今
では日本語を英語的に解釈して音に当てはめ
ていくやり方が一般的になった。さらに、ミ
スチルからは語尾を抜いて子音だけで終わら
せたりして、より英語的な感じの歌詞も増え
ました。なので、基本的なメロディの流れと
グルーブだけを渡して、日本語でも英語でも
いいので作詞家の方でノリよく言葉をメロ
ディにハメてくれればいい、という意識なん
です。

男性が女性ボーカルの曲を作るとき、デモテープの仮歌はどうすればいいですか?

例えば、ピッチ補正ソフトを使って
歌手の音域に合わせてみよう!

Point!

　さすがにギター1本で録るときは自分の音域で歌うしかないけど、スタジオでちゃんとデモテープを作るときは、録った歌のピッチを上げて歌手の音域に合わせることが多いです。今はピッチ補正エフェクトに「フォルマント」っていうパラメーターがあって、ピッチを上げて早回しみたいになった声でも普通の声っぽく修正することもできます。

　昔はファニーな歌声のままになっちゃってたんだけど、それが面白いからこんな感じでいこうよってなったのが「踊るポンポコリン」です。坪倉(ボーカル:坪倉唯子さん)が歌った声を加工して早回しのような質感にしたんです。

🔍 ピッチ補正エフェクトとは?

　ピッチ補正エフェクトとは、ボーカル等の音程のズレを修正するためのツールで、DAWのプラグイン・タイプ(DAWの付属品、サードパーティ製)やハードウェア・タイプ(ペダルやラックマウントのエフェクター)のものがあります。そして、パラメーターの設定によっては、歌声を積極的に作り替えるためのツールとしても活躍します。

　例えば、ピッチシフトとフォルマント調整を駆使すれば、男声→女声への変更や大人っぽい/子供っぽい声にするなど別人の声へ作り変えることも可能です。フォルマントを極端な設定にすれば、ピッチはそのままに早回し/遅回し的な変声にしたり、音程の揺らぎやビブラート効果を完全に矯正すると、正確無比なピッチで歌うロボット的なボーカルも作れます。

　ピッチ補正エフェクトを選ぶ際は、自然なピッチ補正機能だけではなく、声を加工できるパラメーターについてもチェックするといいでしょう。

Q9 日本語と英語の歌詞について、何かこだわりはありますか?

何語であっても面白がってくれるものを作ることが大事です!

Point!

シンガーとしての私の場合は、せっかく詞を書くからには、アメリカで発表するならともかく日本で出して日本人が対象ならば、日本人が分かる言語=日本語にしたいというのはあります。もちろん、その辺はアーティストのスタンス次第で、日本語、英語のどちらでもいいとは思います。昔から、ゴダイゴとか英語の歌をやる人はすでにいたわけですし。私も日本語に合うメロディを研究しようって方向に進まないで、英語でやるんだって思っていたならば、英語が馴染むメロで英語で歌う人としてやっていた可能性もあるわけです。

詞を伝えることの重要性も人によって違いますから、英語でやることには全然抵抗はないっていうか、逆にカッコいいものができるのならばアリだと思います。しかも、今は国の垣根がなくなって、YouTubeとかで世界中の人が見てくれる。そういうときには英語の詞の方が世界的にはわかる人が多いってことで、英語でやるのもアリだろうし、何語であっても面白がってくれるものを作ることが大事です。

❓ 音楽配信サイトについて

現在、動画投稿サイトと言えば「YouTube」が最もポピュラーですが、音楽の配信に特化(動画なし)した「Sound Cloud」や各動画に直接コメントが付く「ニコニコ動画」、ショート動画専門の「TikTok」なども人気があります。

また、「YouTube Music」、「iTunes」、「Spotify」では「音楽を販売すること」も可能です。このような販売サイトとの橋渡しをしてくれる「TuneCore」などもありますので、オリジナル曲を作った際にはチェックしてみるといいでしょう。

メロディのマンネリを解消するには どうすればいいですか？

→ キーを変える、コード進行を変えるってことから 始めるといい！

Point!

例えば、歌いながら曲を作る場合、Cのキーなら音域的に気持ちいいところって限られてくるわけです。だから、いつもCで作っていれば、どうしても似たようなメロディになってマンネリ化してくる。

そこで、Gのキーで作ったり、さらにはカポを付けてみるとか、いつもとは違うキーでやってみるわけです。コード路線図の始発駅をいつもとは違う駅（コード）にしてみるとかですね。

つまり、マンネリの打開策は、キーを変える、コード進行を変えるってことから始めること。キーが変われば歌って気持ちいい音域も変わってくるから、いつもとは違ったメロディが出てくると思います。

ピックについて

Point! ストローク、アルペジオなど、私は奏法によって
3つのピックを使い分けています。

――ピックを選ぶときのポイントは？

　ピックも人それぞれで「自分が弾きやすいものを見つけましょう」ってことなんです。それほど高価なものではないので、まずはいろいろな形、材質、厚みのものを試してみるといいと思います。私は、この20年くらいストロークのときはクレイトーン（Clayton USA）のピックを使っています。ピックの厚みによって、ストロークのローやハイの出方が変わるんですが、このクレイトーンのピックは、ハイとローのバランスが良くて自分の好みの音が得られます。ピックって薄くて柔らかくなるほどローがなくなってハイが目立つようになるし、逆に、厚みがあるとアコギではストロークが難しくなります。その点は注意が必要です。

　あと、形についても、弦に当たる微妙な角度によって音が変わるんです。私の場合、エレキギターはトライアングル型ですが、アコギはティアドロップ型を使っています。

――演奏や奏法によってピックを使い分けますか？

　はい。アルペジオを弾くときは、テリーゴールド（TerryGould）のサムピックを使います。スモールっていうやつですね。ただ、アルペジオだけを弾く曲ではコレなんですが、途中からストロークが入るような曲だと、ヘレコ（HERCO）のサムピックになります。こちらは、ミディアムを使っています。

　テリーゴールドの方が厚い分だけローが出てアルペジオにはいいんですが、厚いためにストロークが鳴らしづらいんです。そこで、いろいろ試した結果、バランス的にヘレコのサムピックが良かったんです。やっぱり、ピック選びは試してみるしかないですね。

　さらに、試行錯誤もしてまして、テリーゴールドに関しては、先端をちょっとカットして、少し捻ったのが一番いいってところに落ち着いています。カットしたのは、ピックの先の向きの調整ですね。ピックによって、先がネック側へ向いてるものと、ブリッジ側に向いてるものがあるんですが、これも人によって弾きやすい向きがあるからだと思います。私の場合、ちょうど真ん中にくるようにカットしています。

↑Dunlop「HERCO Medium」（写真左上）
PICKBOY「Terry Gould 1.20mm Small」（写真右上）
Clayton USA「Ultem Gold 0.8mm」（写真下）

Chapter ④
初心者のための
ギター演奏上達のコツ（Q&A）

織田さんのようにギターがうまくなるにはどうしたらいいの
だろうか。このチャプターでは、あらためて織田さんにギター
の練習方法などを聞いてみました。

Q1 練習するときはテンポのガイドはあった方がいいですか？

スムーズにコードが弾けるようになってから正しいテンポで練習しよう！

スムーズにコードチェンジができないうちは、メトロノームなどは使わずに自分のテンポでいいからパッとコードが押えられるように練習すべきです。それで、ちゃんと弾けるようになってから、メトロノームに合わせて正しいテンポで練習すればいいと思います。

そして、メトロノームに合わせて弾くことに慣れてくると、テンポがあっている／揺らいでいるっていうのはこういうことなんだっていうのが身に付いてきて、メトロノームを使わなくても、テンポがキープできるようになるんです。でも、プロのレコーディングの現場でも、テンポをキープするためにはクリックは聴いてます。

今ならスマホのアプリでいいのがあるんですよ、しかも無料で（笑）。

Q2 メトロノームの代わりに、原曲をカラオケにして練習しても大丈夫ですか？

テンポ以外にもメリットあり。でも、1人で弾いて確認することも必要！

まず、原曲を伴奏にして一緒に弾くことは問題ありません。正しいテンポで演奏することにもなるし、コードを間違えば音がぶつかるんで一発でわかるし、他パートの演奏と合わせることに慣れるって意味でもいいと思うんです。

それで、イケてるなぁって思ったら1人で弾いてみる。すると、これがイケてなかったりするんです（笑）。合わせてるときはちゃんと弾けなくても、弾けてる気になってしまうんです。だから原曲と合わせて練習するなら、必ず1人でもやってみてホントに弾けているのかを確認して欲しいんです。

コードのストロークを
練習するときの注意点は？

③

➡ 全部の弦をバランスよく鳴らすことと
不要な弦を鳴らさないこと！

Point!

ストロークに関して大事なのは、すべての弦を同じバランスでジャラララーンって鳴らすことです。低音弦／高音弦のどちらか一方に力がかからないように、ダウンもアップも上から下まで均一に鳴らせるよう弦と並行にピッキングするのが理想です。でも実際は、まっすぐ上下に腕を振るんじゃなくて、肘を軸として腕を上下に振りながら弦を均一に弾く感じになります。

そして、もう1つ重要なのは、鳴らすべき弦のみをピッキングするってことです。例えば、6弦を鳴らさないCやAmのコードなら5弦から始める。6弦と5弦を鳴らさないDmやDのコードであれば、4弦からピッキングすることです。

ダウンストロークの場合はピックを当て始める位置をコントロールして、アップストロークのときはうまく弦を避ける。考えてみれば、すごい難しいことをやってます。ほんの僅かなところで弦を弾き分けてるんだか

ら。でも、それは頭で考えながらやろうとしても無理です。

もちろん、これらの弦が鳴らないようにあらかじめ親指などで弦をミュートするわけだけど、確実に音を鳴らさないためにはピッキングしない方がいいわけで、そこを意識しながら練習を繰り返すのがポイントだと思います。練習しているうちに無意識にできるようになると思います。教則本では意外とふれられてないけど、初心者の人がコード・ストロークを練習するときは、これらの点に注意して頑張って欲しいです。

コードストロークのパターンを教えてください

4

→ ミュートで音を止めたり、
リズムの裏表にアクセントをつけるとグルーブが出る！

Point!

　ギターのストロークって、テンポに合わせてジャカジャカだらしなく弾くだけだとシャッキリしないんです。コードを刻むリズムだけでなく、表拍と裏拍のどこにアクセントをつけるか、そして重要なのはリズムの中にミュートして音を止める＝休符を入れることでノリが出てくるってことです。

　通常は、表拍はダウンストローク、裏拍はアップストロークで弾くっていうのが基本で

すが、単純にアップダウンを繰り返すだけだと打ち込みのギターみたいに単調になってしまう。まずは、そのアップとダウンのどこにアクセントを付けるか工夫したり、さらにアップ／ダウンのストロークの中にピッキングしない空振りを入れたり、弦をミュートして音を止める休符を入れると、同じ8分刻みのストロークでも、いろんなノリが感じられると思います。

譜例 ❶ パターンA：単純に8分刻みでアップ／ダウンを繰り返すだけのストローク

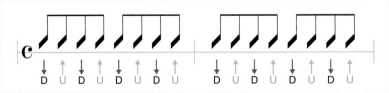

←オーソドックスで最も
シンプルなストロークの
パターンです

譜例 ❷ パターンB：アクセントや空振りを交えつつ変化を加えたストローク

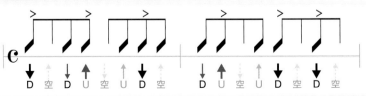

←8分刻みでアップ／ダ
ウンする右手の動きはそ
のままに、付点4分の間
隔でアクセントをつけた
り、空振りを入れて4分
の長さに伸ばす音を入れ
ています

● ストロークの図について

U：Up　↑強

D：Down　↑弱

　空振り

譜例 ❸ パターンC：ミュート（ブラッシング）を入れてリズムを強調したパターンBのバリエーション

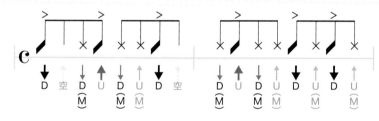

←音を鳴らさないミュートや音程感のないブラッシングを入れることでメリハリをつけ、8ビート感を強調したパターンBのバリエーションがこれです

　どうやってアクセントや休符を入れていくかですが、おそらく弾いてみたい曲ってギター1本ってことはなくて、バンドのサウンドで作っている雰囲気やグルーブ感をギター

譜例 ❹ 定番パターン：8ビートの定番ストローク

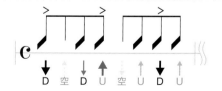

↑とりあえず弾いてみたいときに便利な、いろんな曲調やテンポの曲にマッチする8ビートの定番ストロークの例

でそれっぽく再現することになる。だから、何かをコピーするっていうよりは、ドラムやベース、ギターで作るノリ、リズムのアクセントなんかを参考に、自分で考えるしかないんです。

　まあ、使い勝手のいい一番ベーシックなパターンって言えば、このような感じ（譜例④）でしょう。アコギで8ビートの曲を弾くときのストロークの基本形で、これが弾ければだいたいの曲はなんとかなると思います。

コードをアルペジオで弾くときの基本を教えてください

親指でベース音、
他の指でコードの構成音を爪弾いていく！

Point!

初心者の人に「アルペジオってどうやって弾くの？」って聞かれたら、「奇数拍でベース音、偶数拍や裏拍でコードの音を弾く」って答えます。

基本は、1拍目に親指でベース音を弾いて、小指以外の指で8分で順番にコードの音を単音で爪弾いたり、2本の弦を一緒に弾いて和音を鳴らしたりします。これをコードを変えながら、スムーズに演奏できるように練習するところからでしょう。

● アルペジオの基本スタイル

譜例❶ パターンA

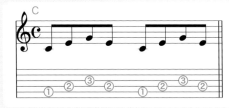

←奇数拍の表拍でベースを弾いた後、奇数拍の裏拍〜偶数拍でコードの音を順番に爪弾くシンプルなアルペジオ

譜例❷ パターンB

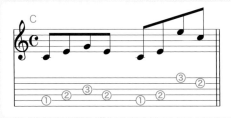

←パターンAと同じ左手の押さえ方と右手の指使いのまま、爪弾く弦を変えて後半の2拍に変化を付けたバリエーションの例

● **アルペジオの図について**

五線譜下の六線のところは、タブ譜ではなく右手の指使いを書いてます。

①：親指　　②：人差し指　　③：中指

● アルペジオのバリエーション

譜例 ❸ パターンC

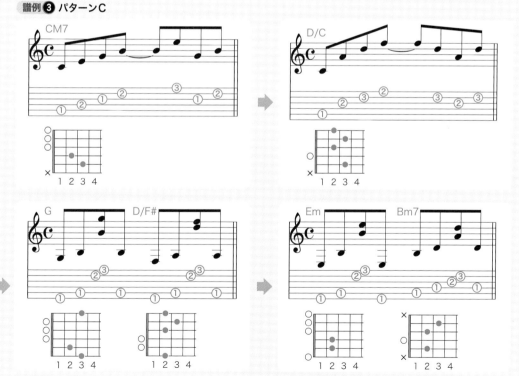

⬆奇数拍にベース、偶数拍に和音を鳴らしたもの。ここでは、キー Gの場合のCM7→D/C→G→D/F#→Em→Bm7と
いうコード進行を例に紹介します

アルペジオで弾くときのポイントは?

指の腹ではなく爪で弾く、
割れや削れを防ぐ爪のケアも重要!

Point!

　最初の頃は私も指の腹で弾いてましたけど、いまでは必ず爪で弾くようにしています。指の腹で弾いた音は弾き語り以外、他の楽器もある場合は使えないことが多いと思います。柔らかな印象のあるガットギターも必ず爪で弾きます。爪弾くときは、爪の先端というよりは、ちょっと親指側を使う感じです。

　ただ、爪はどうしても削れてしまいます。アルペジオを多用するならば、何かで補強し

ないとしんどいかな、と思います。それと、私の場合はピアノも弾くので爪を伸ばすとすぐに割れてしまうんです。そこで、一時期は爪をアロンアルファで固めてたんだけど、いろいろ試行錯誤があって最近は爪に貼るヤツを愛用してます。

　それと、親指はサムピック(P.92参照)を使うようになりました。もちろん、親指の爪を伸ばして弾くのもアリです。

伴奏を弾くときアルペジオとストロークはどうやって使い分けますか？

➡ 盛り上げるならストローク、しっとりした雰囲気ならアルペジオ！

　その人がどう弾きたいかでいいと思いますけど、やっぱり、盛り上げたいとかノリが欲しいってところは、ストロークでジャカジャカとやって、逆に、しっとり歌うならアルペジオ、というのが基本です。具体的に言えば、

しっとり始めて盛り上げるような展開の場合は、AメロをアルペジオでAメロをアルペジオで、サビからはストロークで弾くって感じだけど、私だったらそんな曲を弾くならば、柔らかいサムピックを使うと思います。

歌いながらギターがうまく弾けません。何かよい練習方法はありますか？

➡ 繰り返し練習して慣れるしかない！

　残念だけど、よい練習法はないです（笑）、ひたすら練習するのみです。私だってそうだったし、特にアルペジオを弾きながら歌うなんて、もう慣れるしかないんです。練習していると最初は階段を登るように上手くはなっていくけれど、途中に上達が止まるように感じる踊り場もあるんです。そこでめげないで続けていくと、また上達していく。とにかく弾いて歌うを繰り返せってことです。

初心者のためのギター演奏上達のコツ（Q&A）

織田さんがYouTubeで紹介している ZARD「揺れる想い」を弾くコツは？キーCの場合

「B♭」の押さえ方をマスターしましょう！

Point!

ギター初心者の人にはキーCとキーGのダイアトニックコードをとりあえず覚えればいいと言いましたが、私の曲にダイアトニックコードだけでできているものはありません

でした。ごめなさい（笑）。そこで、ダイアトニックコードにちょっとだけ新たなコードを覚えると弾けそうな課題曲としてYouTubeで紹介したのがZARD「揺れる想い」です。

図❶ ZARD「揺れる想い」

キー「C」のダイアトニック・コード以外で出てくるのは「B♭」「E7」「D7」の3つ。織田さんいわく、「B♭」は「F」同様に、セーハで少し難しい押さえ方ですが、「どうせ乗り越えないといけない壁ならば、早めに乗り越えちゃいましょう」とのこと。また、「E7」がないと「揺れる想い」にならないくらい「E7」も重要。「E7」は「C」のダイアトニック・コードにおけるEmの代打の切り札的存在！

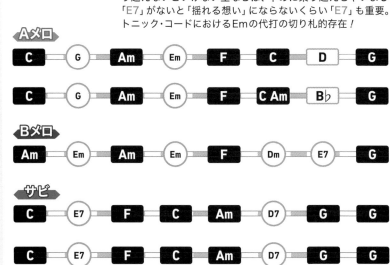

▤ B♭の押さえ方

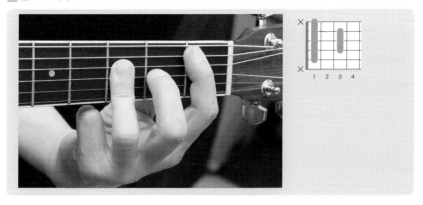

● ワンランク上のサビのコード進行

　サビに関して、もう少しレベルを上げた
バージョンがこれです。経過音を使って、
ベースの音がC（ド）から順番に降りてきて

いるのがポイントです。ちなみに曲を終わっ
た感じにするには、最後にCのコードを加え
てやればいいだけです。

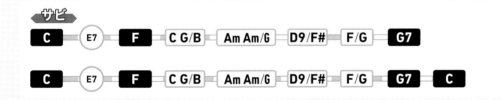

初心者のためのギター演奏上達のコツ（Q&A）

▤ D9/F#の押さえ方

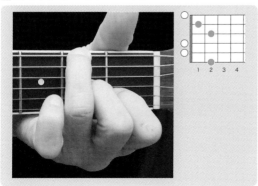

▤ F/Gの押さえ方

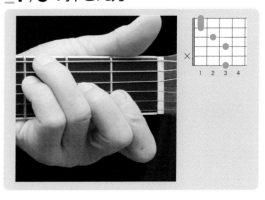

織田さんがYouTubeで紹介している ZARD「揺れる想い」を弾くコツは？ キーGの場合

キー「G」の場合のポイントも見ておこう！

Point!

キーC（図1）に続いて、キーGの場合の コード進行がこれです。Fは出てくるけどB♭ はないので、こっちの方が弾きやすいかもし れません。

図 ② ZARD「揺れる想い」

キー G の場合　キー「G」のダイアトニック・コード以外で出てくるのは「A」「F」「B7」「A7」の4つ。 「F」さえ押さえられれば、他の3つはそれほど難しくないので、ぜひともチャレンジ してみよう。

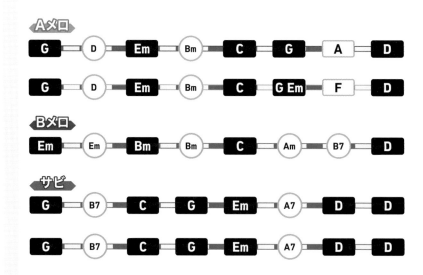

● ワンランク上のサビのコード進行

こちらがキー G で少しレベルアップさせた「揺れる想い」のサビのコード進行です。キー C のときと同様、オンコードの経過音によって、ベースの音が G（ソ）から順番に D（レ）まで降りてきています。本当に僕はこういう進行をよく使っています。

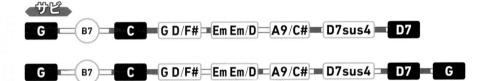

サビ

| G | B7 | C | G D/F# | Em Em/D | A9/C# | D7sus4 | D7 |

| G | B7 | C | G D/F# | Em Em/D | A9/C# | D7sus4 | D7 | G |

※【キー G の「Dsus4」とキー C の「F/G」の違いについて】P.103のキー C の進行をキー G に転調すると「F/G」は「C/D」となりますが、ここでは押さえやすいコードとして「D7sus4」を選んでいます。この「C/D」と「D7sus4」の2つのコードは構成音の一部が異なるため響きはちょっと違いますが、役割は同じと考えることができます。

☰ A9/C#の押さえ方

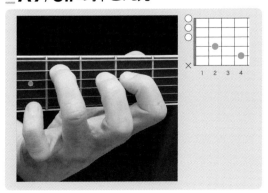

☰ D7sus4の押さえ方

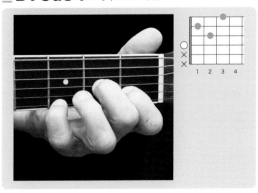

初心者のためのギター演奏上達のコツ（Q&A）

織田さんオススメのオシャレなコードの押さえ方を教えてください

→ 今どきの定番はadd9、3rdの音を抜くのも有効！

Point!

昔から私はadd9の音が好きで好きで、自分でも「9th IMAGE」ってバンド作ってたくらいで。ただ、90年代から猫も杓子もadd9になっちゃって。これを覚えると「何かいい感じじゃない？」ってなりやすい。例えばGadd9→Cadd9→Fadd9。add9のコードは洒落てる気になれる今っぽい感じのコードだと思います。私が作る曲のコードでもadd9は多い。add9が基本って言ってもいいと思います、ホントに。

そもそも私がadd9を知ったのは何だったかな？ 今は洋楽／邦楽問わずadd9なんだけど、昔はあまりなかったんです。それがバラード系の頭でニルソンのウイザウト・ユーかなぁ、add9から始まるっていうのが。他にもあったとは思うんですが、そういった曲を弾いているうちに自分でも使うようになったんです。

当時は、例えばCadd9はCへと解決する、同様にCsus4もCへと解決する。どちらも、経過音的に本来のコードへと解決するための1つの装飾だったんだけど、今は「add9」だけをそういうコードとして鳴らしている曲が多いんです。昔は「Cadd9－C｜Amadd9－Am」だったのが、今はそのまま鳴らしっぱなしで「Cadd9｜Amadd9」とした方が洒落ている。だから、9thのコードを知ると、今はホントに多いことに気が付くと思います。シンプルなC→Fって進行でもCadd9→Fadd9とするだけでだいぶ洒落ている。それと、add9の方が実は押さえ方や運指が簡単だったりもします。

あと、add9のときに3度を抜くという技もあって。3度を抜いて短調／長調をハッキリ出さない方が洒落て聴こえるんです。さらに、Cadd9の3度抜きの音「ドレソ」があったとして、それを上でステイした状態で、ベースをFにするとか。そういったコードが今の流行りです。3度を抜いたadd9も本当に多いです。ぜひ覚えておくといいと思います。

add9コード

≡ **Gadd9**の押さえ方

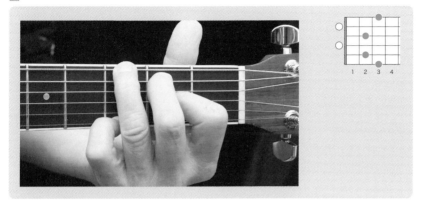

≡ **Cadd9**の押さえ方

「Cadd9」は、単純に
「C」の押さえ方に小指
で2弦3フレットを加
えてもOKです

≡ **Fadd9**の押さえ方

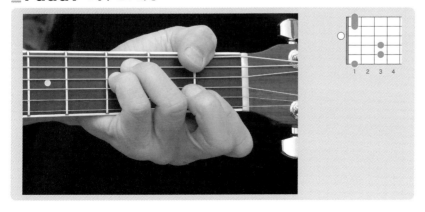

愛用ギターについて（マーティン編）

Point! D-45はアルペジオでもストロークでも1台で弾いていて気持ちいいギター。M-36はライブのときの相棒として、一番登場しています。

——織田さんの愛用するマーティンのギターについて教えてください。

　マーティンはD-45とM-36を使っていて、D-45は高域のチャリンチャリンしたところから低域のモホモホしたところまですごくレンジが広いんです。ギター1本か、簡単なオケでD-45が主役、という状況で使うのがオススメです。アルペジオでもストロークでも1台で弾いていて気持ちいいギターで、キレイなポップスに向いているっていうか、必然的に作る曲はキレイな方向にいきがちです。ただ逆にロックとか泥臭い系には合わないギターと言えます。

　M-36はライブ用に買ったもので、ライブのときの相棒として一番登場してるのがコイツなんですよ。ボディが少し薄いから弾く姿勢としてラクです。

　最初は、他の3本（ギブソンJ-45、J-200、マーティンD-45）と比べてしまうとイマイチだったんだけど、新しいギターは弾いているうちに、だんだん音が良くなってくるものなので。ギターとしての個性は薄いけど、ライブで使いやすいサウンドって感じでしょうか。

↑マーティン D-45（1992年）

↑マーティン M-36

特別編

歌詞/コードサイト

「楽器.me」から読み解く
人気曲のAメロ、Bメロ、サビの
コード進行の特徴

織田さんによる様々なノウハウに続いて、本書の最後となるこの章では、国内最大級の歌詞/コードサイト「楽器.me」（https://gakufu.gakki.me/）で、過去10年以上にわたり年間1,500曲以上の新曲／名曲のコード進行を解析してきた平沢栄司さんによる「人気曲のAメロ、Bメロ、サビのコード進行の特徴」をお届けします。ギタリストはもちろん、すべての音楽クリエイター必見のデータです！弾き語りや作曲時のネタ元として、ぜひ参考にしてみてください。

※解析した各コード進行は、原曲のキーではなく本書で扱っているキーCとキーGに変換して掲載しています。また、基本的に本文中ではキーCのときのコード名を使って解説しています。

Aメロのコード進行の特徴

近年の曲は「C」から始まる定番のコード進行が圧倒的に多い

　この章（P.112以降）で紹介するコード進行表は、人気曲の中から主に最近の曲をサンプルにその要素を抽出したものです。その中でも、曲の導入部となるAメロのコード進行は、凝った展開をするものはほとんどなく、素直に耳に入ってくるオーソドックスなものが定番です。特に「カノン進行」と呼ばれるコード進行と、そのバリエーションが非常に多く登場します。

　また、それ以外のコード進行についても、近年の新曲ではCのコードから始まるCメジャーキーの曲が多いのが特徴的です。一方、往年の名曲、例えば、最近では「シティポップ」として再注目されている80年代の曲では、Aメロと言えどもC以外のコードから始まったり、Aマイナーキーっぽい進行だったり、Aメロ8小節の中に軽い転調を含むような曲も見られます。

1小節目の「C」に続くコードは「G」や「F」が多い

　もう1つの特徴は、Cの次に続くコード。カノン進行に代表されるGやG/Bが最も多く、その次はFとなります。逆に少ないのはAmやEmで、教則本などで紹介される定番の循環コードC→Am→Dm→GやC→Em→F→Gの曲はほとんどないと言っていいでしょう。

　曲を作っているときに弾いたコード進行がなんかカッコ悪いと感じたならば、こういった古い定番を使っている可能性があります。例えば、前者ならばC→F→Dm→Gに、後者ならばC→G→F→Gにするだけで、メロディは一緒でも雰囲気が今風になるので試してください。

🔍 曲を構成する各セクションの呼び方について

　イントロ、Aメロ、Bメロ、サビ、間奏は問題なく通じると思いますが、その他のセクションの呼び方には注意が必要です。例えば、1コーラス目と2コーラス目を繋ぐ歌のないところ＝「間奏」を「ブリッジ」と呼ぶことがあれば、2コーラス目とラストのサビの間に入るこれまでとは異なる展開部のことを「ブリッジ」と呼んだりもします。

　また、Bメロに続くサビを「Cメロ」と解釈して、先の展開部のことを「Dメロ」と呼んだり、1コーラスの中のサビとは別に、曲全体の中のサビというニュアンスから展開部を「大サビ」と呼ぶこともあります。

　一方で「大サビ」は、展開部に続く曲のラストを飾るサビの反復を表すこともあります。また、ラストのサビの前に伴奏アレンジをシンプルにしたサビを挟む場合、そこを「落ちサビ」と呼んで区別することもあります。さらに、曲の最後も「エンディング」ではなく「イントロ」に対して「アウトロ」と呼ぶケースも多くなっています。

Bメロへの橋渡しとなる8小節目のコードをチェック

Aメロのコード進行の最後に登場するコードは、それに続くBメロへの橋渡しとなるものです。例えば、**G7**で終わるAメロは**F**から始まるBメロへと続くことが多く、**G7**の替わりに**E7**に進んで終わるAメロは**Am**から始まるBメロへと続く傾向があります。

一方で、Aメロで一区切りつけるために最後に**C**へと戻ってくるコード進行も見られます。例えば、4小節一回り×2回のAメロで、1回目は**C→C→F→G**で2回目先頭の**C**へのつながりを感じさせるのに対して、2回目は**C→C→F G→C**と**C**に戻り終わるパターンです。Aメロの最後で終息してBメロへの場面転換がハッキリするため、この進行のAメロはBメロ先頭のコードの選択肢が多い傾向があると言えるでしょう。

「G7」を「Dm7/G」にする

また、Aメロでは**G7**の代わりに**Dm7/G**や**F/G**を使うコード進行も多く聴くことができます。例えば、定番とも言えるツーファイブ進行**Dm7 G7→C**を**Dm7 Dm7/G→C**としたり、**Gsus4→G**を**F/G→G**とするなどです。いずれも元になっているコード進行よりも響きが柔らかくなって、ちょっとオシャレな雰囲気が出てきます。もちろん、ストレートな曲調では**Dm7/G→C**や**F/G→G**ではなく、素直に**G7→C**や**Gsus4→G**とした方がキレがよく、引き締まった感じが出るので、あくまでも曲調によってチョイスするといいでしょう。

どんどん短く簡素になっているイントロやアウトロ、間奏

往年の曲では、イントロ、間奏、アウトロの各セクションは8～16小節程度の十分な長さがあり、イントロなどはアレンジ的にも凝ったものが多く聴かれました。しかし、近年のポップスではイントロはどんどん短くなり、サビのコード進行の面影はあっても2～4小節と短くされていたり、歌い出しのピッチやタイミングが確認できる程度の簡単なコードを1発かSE的なものだったり、そもそもイントロがなく歌から始まる曲も増えています。同様に、間奏も短く簡素なものだったり、エンディングのセクションがなく、サビの歌終わりで断ち切るように終わる曲もあります。

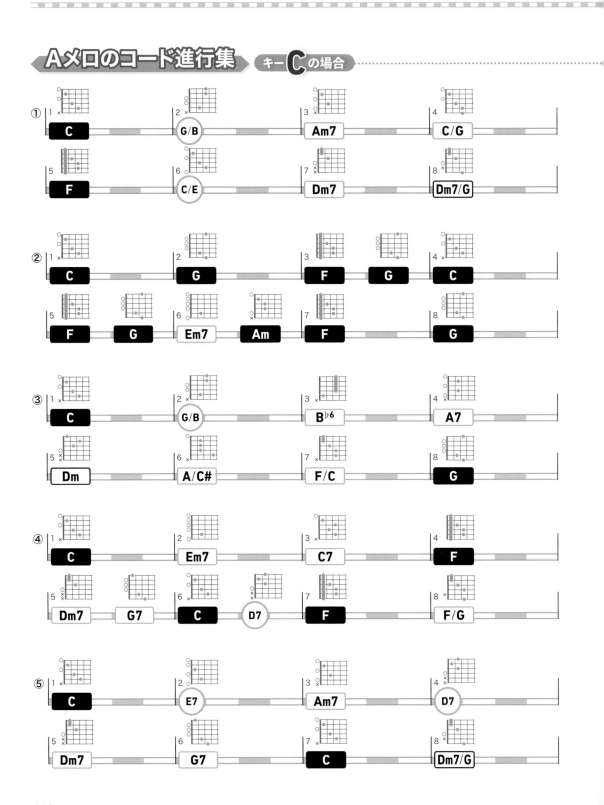

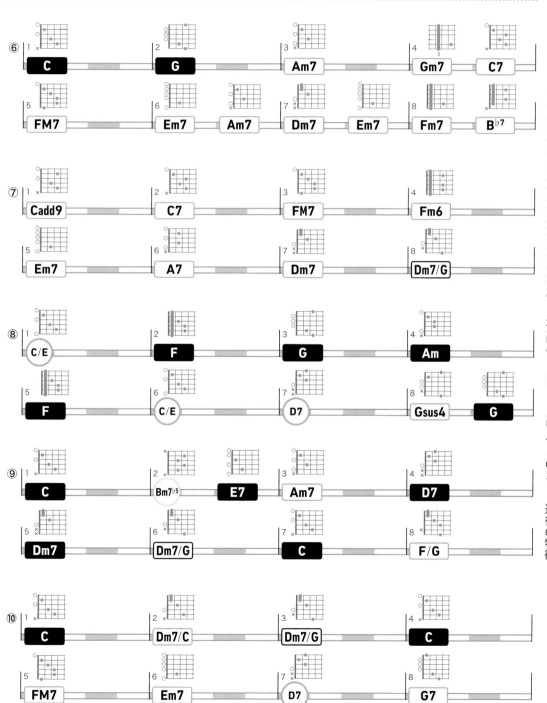

⑥ C ― G ― Am7 ― Gm7 C7
FM7 ― Em7 Am7 ― Dm7 Em7 ― Fm7 B♭7

⑦ Cadd9 ― C7 ― FM7 ― Fm6
Em7 ― A7 ― Dm7 ― Dm7/G

⑧ C/E ― F ― G ― Am
F ― C/E ― D7 ― Gsus4 G

⑨ C ― Bm7♭5 E7 ― Am7 ― D7
Dm7 ― Dm7/G ― C ― F/G

⑩ C ― Dm7/C ― Dm7/G ― C
FM7 ― Em7 ― D7 ― G7

113

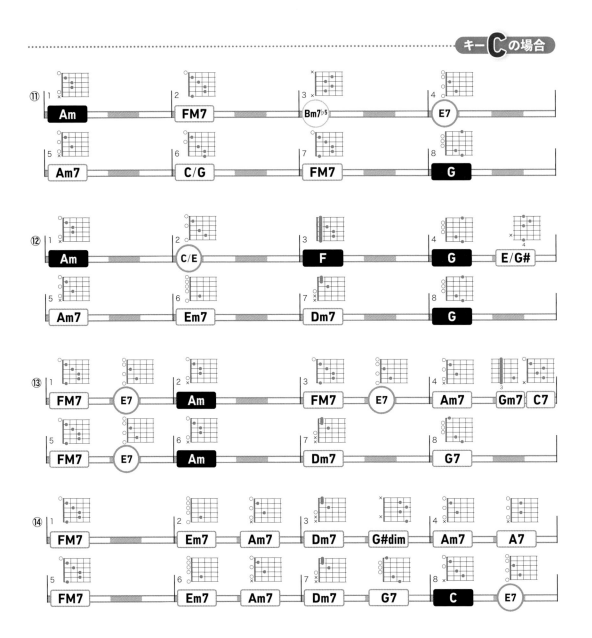

Aメロのコード進行集　キー G の場合

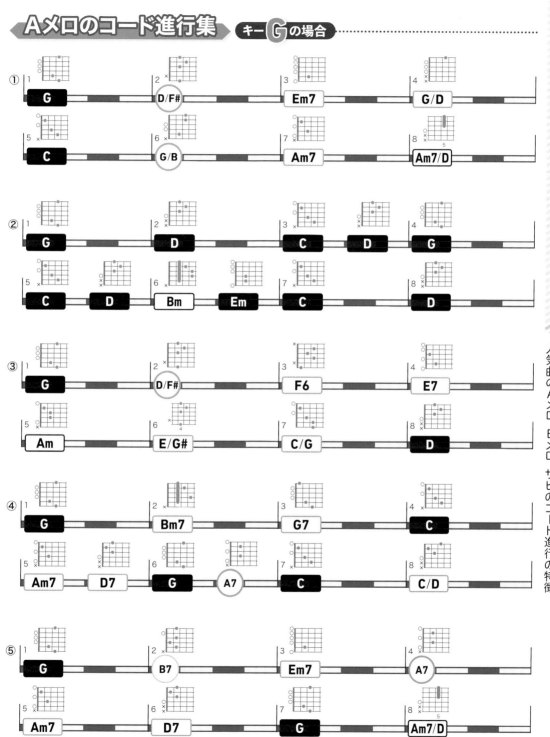

① G ─ D/F# ─ Em7 ─ G/D
  C ─ G/B ─ Am7 ─ Am7/D

② G ─ D ─ C ─ D ─ G
  C ─ D ─ Bm ─ Em ─ C ─ D

③ G ─ D/F# ─ F6 ─ E7
  Am ─ E/G# ─ C/G ─ D

④ G ─ Bm7 ─ G7 ─ C
  Am7 ─ D7 ─ G ─ A7 ─ C ─ C/D

⑤ G ─ B7 ─ Em7 ─ A7
  Am7 ─ D7 ─ G ─ Am7/D

歌詞／コードサイト「楽器.me」から読み解く人気曲のAメロ、Bメロ、サビのコード進行の特徴

115

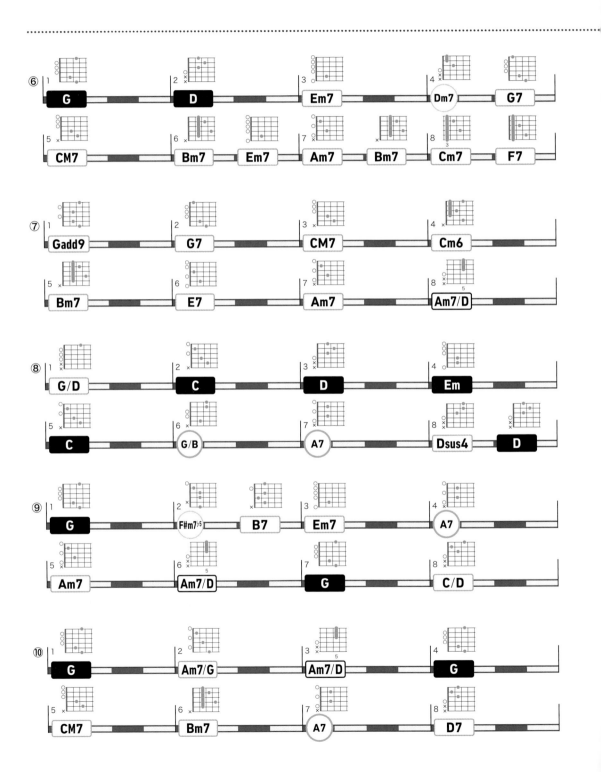

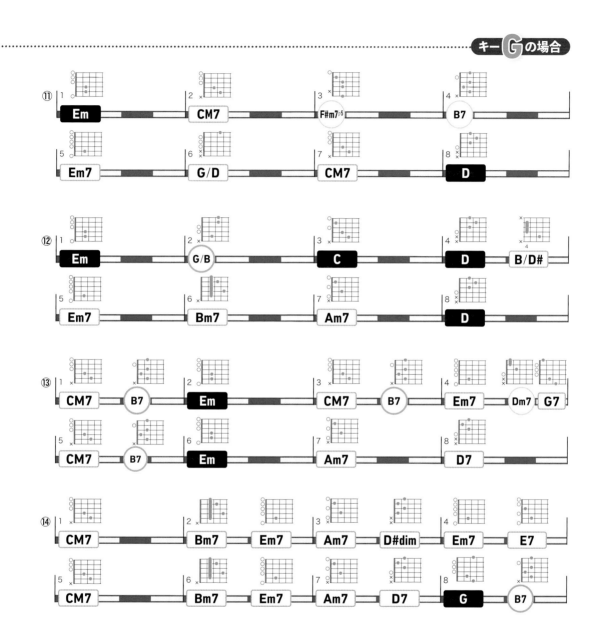

Bメロのコード進行の特徴

「F」始まりが多いBメロのコード進行

　Aメロの「C」始まりと同様に、Bメロでは「F」始まりのコード進行が多く登場します。その多くはF→G→Em→Amという進行とそのバリエーションです。続いて多いのが、AmやEmで始まる進行。Am→Em→F→CやEm→Am→Dm→Gなどがあります。

　いずれの場合も、Bメロの前半を受け持つ進行はCメジャーではなくAマイナーの調性を感じさせるコードやコード進行を用いて場面転換を明確にするコード進行が特徴的です。そして、Bメロ後半はマイナー調のままサビへと進むか、メジャー調のサビへと回帰するための動きを入れるかの違いがあり、それを一番感じるのは最後の小節がE7へ進むかG7へ進むかの差でしょうか。また、G7では、続くサビ頭のコードはFやDm、CやAmと選択肢が多いのですが、E7ではFやAmへと進む曲が多く、Dmは少数、Cはほとんどないという傾向があります。

Aメロとは異なるコード・チェンジのタイミングも多い

　Aメロ、Bメロともに1小節単位のコード・チェンジで展開していく曲が多いのですが、同じくらいAメロに対してBメロのコード・チェンジのタイミングを変えることで場面転換を表現している曲を聴くことができます。

　例えば、Aメロが1小節単位ならば2拍単位で、逆にAメロが2拍単位ならば1小節単位でという具合です。また、Bメロの中でも前半と後半でコード・チェンジのタイミングを変えて、サビへの流れ(盛り上がり)を表現していく手法もありました。この場合は、前半が2拍単位なら後半は1小節単位、前半が2拍単位ならば後半は1小節単位というパターンが多いようです。

クリシェなど『コード路線図』にない進行、大胆な転調も登場

　また、シンプルなコード進行が多かったAメロにはない特色として、『コード路線図』に登場しないコードとコード進行を用いたBメロを持つ曲が多いということです。クリシェもBメロでの登場率が高いコード進行です。

　もう1つの特色は転調で、CメジャーではなくAマイナーを感じさせるのも転調の1つですが、もっと大胆な転調をする曲もあります。コード進行集での紹介は割愛していますが、Bメロでのあからさまな転調は近年の曲と言うよりはやはり往年の名曲（シティポップなど）に多い展開です。代表的なところでは、E♭メジャー／Cマイナーへの転調でF→G→Em→Am〜の替わりにFm→B♭→E♭→A♭〜という進行になるパターンが多く登場します。

近年の曲ではBメロが短かったり、存在しないものも

　最近の曲はBメロが短かく、例えば、Aメロの8小節に対して4小節と半分になっている曲が多いという傾向があります。その場合、Aメロが小節単位のコード・チェンジだとすると、Bメロは2拍単位にして密度を上げるような展開が多いですね。

　また、そもそもBメロがなく、Aメロの後に即サビへと進む「前奏→**Aメロ**→**サビ**」という展開の曲や、サビを先頭に持ってきて「**サビ→Aメロ→サビ**」という展開の曲もあります。パッと次の曲が選択されてしまうネット配信の時代において、一番の聴きどころであるサビまでの時短対策として、サビ始まりやBメロの省略が選択される傾向があるのかも知れません。

歌詞／コードサイト「楽器.me」から読み解く
人気曲のAメロ、Bメロ、サビのコード進行の特徴

🔍 Bメロの小節数はどれくらいがベスト？

　曲を構成する各セクションは、4小節をひと区切りとして「8小節でひと回り」とするパターンが多いものです。曲によってはさらに反復して16小節で1つのセクションとなることも。一方でBメロはここで解説しているように他のセクションよりも短かったり、そもそもBメロがない曲も存在します。逆に、Bメロが長い曲と言うのはほとんど聞かないので、小節数は控えめとするのが無難でしょう。

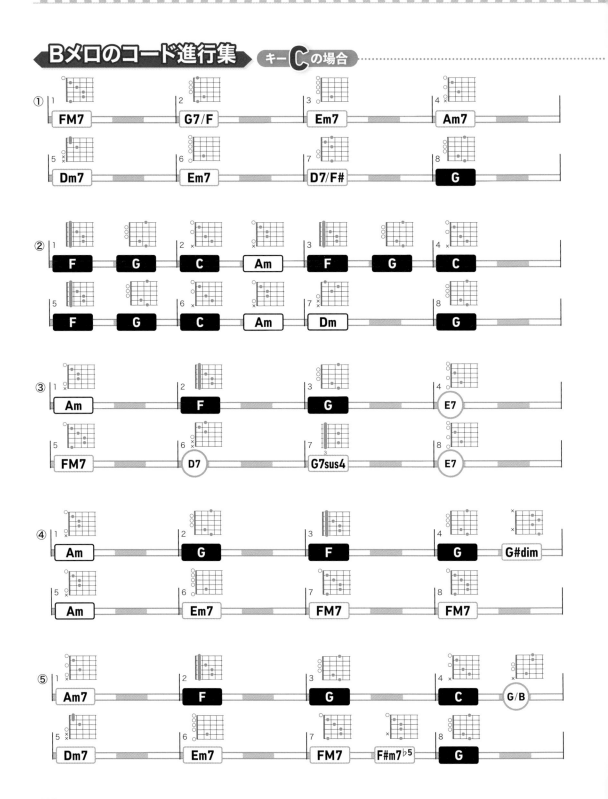

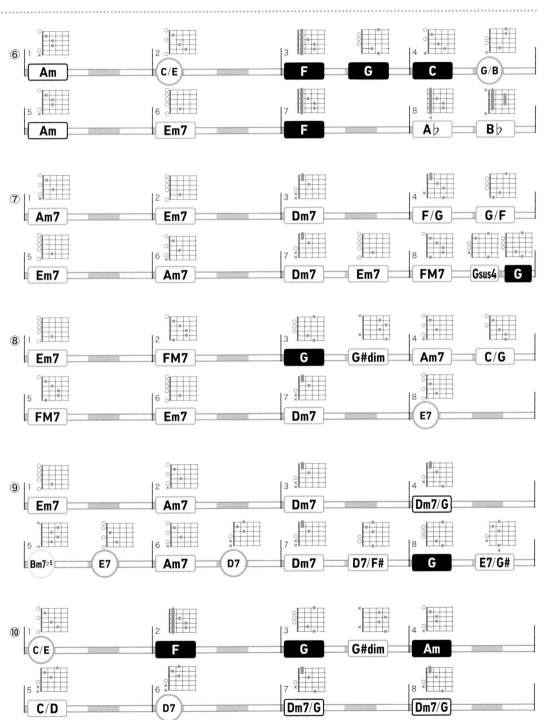

⑪ 1 F#m7♭5 — FM7 — Em7 — Am7 — 2 Dm7 — G7 — 3 Gm7/C — C7

5 F#m9 — B♭7 — 6 E♭M7 — A♭M7 — 7 Dm7♭5 — 8 Dm7/G

⑫ 1 Dm7 — 2 Fm6 — 3 Em7 — 4 A7

5 F#m7♭5 — 6 B7 — 7 Em7 — 8 Dm7/G

⑬ 1 Dm7 — 2 B♭7 — 3 Am7 — 4 D7

5 Dm7 — 6 G7 — 7 Am — G/B — 8 C — A/C#

⑭ 1 Dm9 — E7#9 — E7♭9 — Am9 — 2 F#m7♭5 — 3 FM7 — E7#9 — G#dim — 4 Am9 — Gm7 — C7

5 F#m7♭5 — G/F — 6 Em7 — A7 — 7 Dm9 — 8 E7♭9

122

Bメロのコード進行集 キー G の場合

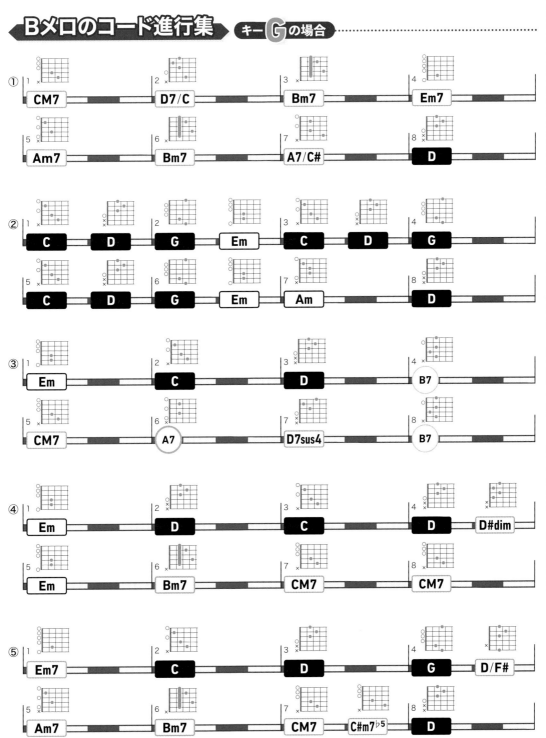

① CM7 — D7/C — Bm7 — Em7
Am7 — Bm7 — A7/C# — D

② C — D — G — Em — C — D — G
C — D — G — Em — Am — D

③ Em — C — D — B7
CM7 — A7 — D7sus4 — B7

④ Em — D — C — D — D#dim
Em — Bm7 — CM7 — CM7

⑤ Em7 — C — D — G — D/F#
Am7 — Bm7 — CM7 — C#m7♭5 — D

歌詞／コードサイト「楽器.me」から読み解く 人気曲のAメロ、Bメロ、サビのコード進行の特徴

⑥
| Em | G/B | C | D | G | D/F# |

| Em | Bm7 | C | E♭ | F |

⑦
| Em7 | Bm7 | Am7 | C/D | D/C |

| Bm7 | Em7 | Am7 | Bm7 | CM7 | Dsus4 | D |

⑧
| Bm7 | CM7 | D | D#dim | Em7 | G/D |

| CM7 | Bm7 | Am7 | B7 |

⑨
| Bm7 | Em7 | Am7 | Am7/D |

| F#m7♭5 | B7 | Em7 | A7 | Am7 | A7/C# | D | B7/D# |

⑩
| G/B | C | D | D#dim | Em |

| G/A | A7 | Am7/D | Am7/D |

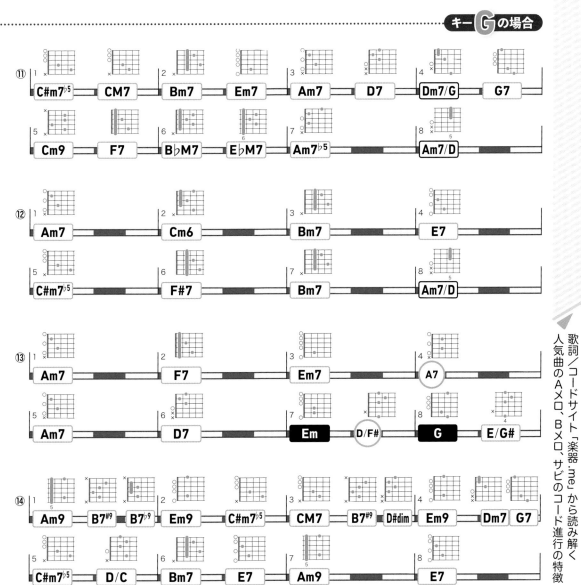

⑪ C#m7♭5 — CM7 — Bm7 — Em7 — Am7 — D7 — Dm7/G — G7
Cm9 — F7 — B♭M7 — E♭M7 — Am7♭5 — Am7/D

⑫ Am7 — Cm6 — Bm7 — E7
C#m7♭5 — F#7 — Bm7 — Am7/D

⑬ Am7 — F7 — Em7 — A7
Am7 — D7 — Em — D/F# — G — E/G#

⑭ Am9 — B7#9 — B7♭9 — Em9 — C#m7♭5 — CM7 — B7#9 — D#dim — Em9 — Dm7 — G7
C#m7♭5 — D/C — Bm7 — E7 — Am9 — E7

歌詞／コードサイト「楽器.me」から読み解く
人気曲のAメロ、Bメロ、サビのコード進行の特徴

125

楽器.meの人気掲載曲を解析！
サビのコード進行の特徴

「AメロやBメロの要素を引き継いだバリエーション豊かなコード進行

Cメジャーキーが多い今どきの曲の流れとしては、Bメロで軽くマイナー調に転調しても再びCメジャーに戻ってくるのでC始まりのコード進行が多く、メロディやアレンジは異なってもコード進行の骨格は、Aメロと同じという曲がかなり数ありました。

しかし、Aメロよりもコード進行のバリエーションは多く、同じC始まりでもAメロとは違った傾向のコード進行であったり、Bメロで登場したようなマイナー寄りの進行や軽い転調を含むものも用いられています。この章で紹介しているC始まりのサビのコード進行表は、Aメロとのダブリを避けるために、AメロにはないタイプのC始まりの進行を紹介しましたが、Aメロと同様に「カノン進行」とそのバリエーションはサビでも人気のコード進行です。

近年の曲では「Em」の代わりに「C/E」を使うことが多い

また、Dm→Em→F→GやF→Em→Dm→Gのようなスケールに沿ってダイアトニック・コードを上昇／下降するようなコード進行のとき、Emの替わりにC/Eを使うコード進行が多く聴かれます。マイナー・コードとメジャー・コードの響きの違いでEmを使うよりもC/Eを使った方が明るくて軽快なイメージがあります。どちらが正解ということではなく、Emで弾いてみてしっくりこないときはC/Eを、逆にC/Eで違和感があればEmを試してみるというくらいの感覚でいいでしょう。

他にも、C→F→G→AmやEm→F→G→Amのような進行のときに、CやEmの替わりにC/Eを使ってC/E→F→G→Amとすることもあります。コード進行の中のCとEmとC/Eは、それぞれ差し替えが利くコードとして覚えておくと、コード進行のバリエーション作りに応用できます。

サビはキリのいい小節数で終わるとは限らない

サビの展開は、8小節単位のキリのいい小節数で完結するとは限りません。最後の1～2小節を切り詰めてメロディの終わりのフレーズが間奏まで続くようにしたり、逆に、最後のフレーズを反復するために2～4小節を追加することもあります。他のセクションではあまりない特徴なので覚えておくといいでしょう。

Aメロと同じでもコード・チェンジのタイミングが異なることも

例えば、同じ「カノン進行」でもAメロでは小節単位で8小節一回り、サビでは2拍単位で4小節一回り×2で8小節というようにコード・チェンジのタイミングが異なっているパターンも見られます。また、前半4小節がAメロ的カノン進行、後半4小節がBメロ的マイナー調進行のような複合技もあります。

また、コード・チェンジのタイミングとして

は、Bメロから2拍単位のチェンジになっていたときは1小節単位に戻ったり、勢いはそのままに2拍単位のチェンジで進んだり、あるいは、のびのびと歌い上げるようなサビでは、2小節単位の大らかなコード進行という曲もあります。いずれも、コード進行表の小節単位のコード進行を元に、半分にしたり倍に伸ばしたりといった変更を加えれば再現できるものです。

一昔前にあったサビでの大胆な転調は減少傾向?

2000年代の曲で多かったのが、Bメロとサビの間にブレイクを入れて、異なる調へと大胆に転調してサビが始まる手法です。最近では、ブレイクなどの緩衝材となる小節を入れずにダイレクトに無関係な調へと転調する曲も増えています。転調前のブレイクの有無に限らず、サビ直前の小節は響きが曖昧で具体的なコード名がつけられない演奏であることも多く、耳コピー泣かせのコード進行でもありますね。

近年のJ−POPでも用いられていますが、その数は減っているようです。今回調査した人気の100曲の中では、サビに限らず曲中で転調するものは数曲あるかないかという少数派です。スタンダードなバンドアレンジの曲やギター／ピアノ弾き語り的なアコースティックな曲ではほとんど聴くことはなく、逆に、ダンスミュージックやアニソンなどでは効果的に用いられる傾向があります。

歌詞／コードサイト「楽器.me」から読み解く 人気曲のAメロ、Bメロ、サビのコード進行の特徴

🔍 コード進行の反復だけではないサビの展開を知っておこう

サビも4小節 or 8小節で一回りのコード進行を反復することが多いのですが、前半と後半で異なるコード進行やアレンジで盛り上がりを演出するパターンがあります。例えば、前半はゆったりしたコード・チェンジのメジャー調、後半は短いサイクルのコー

ド・チェンジでマイナー調など、ちょうどAメロとBメロのような場面転換をサビの中に取り入れる感じでしょうか。他にも、同じコード進行を反復した後に別のコード進行によって＋αの短いセクションを追加するような展開もよく用いられます。

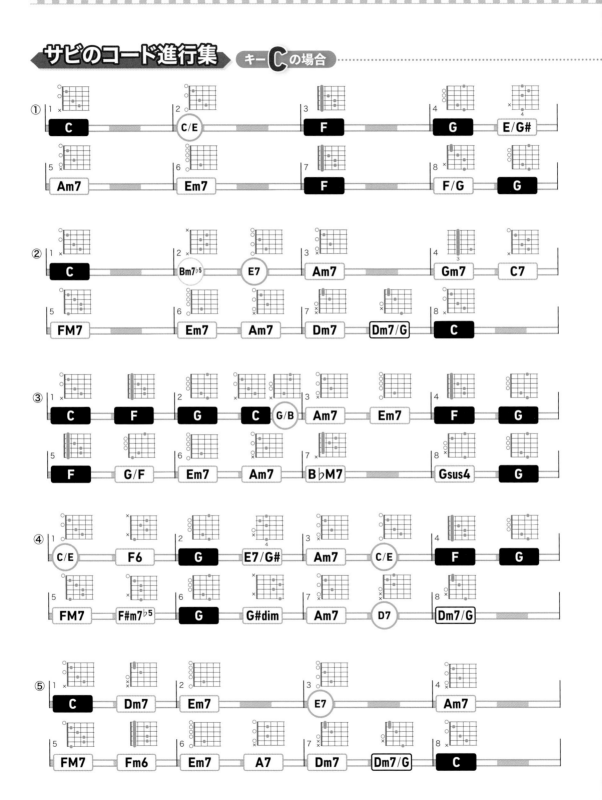

① 1 C 2 C/E 3 F 4 G E/G#
5 Am7 6 Em7 7 F 8 F/G G

② 1 C 2 Bm7♭5 E7 3 Am7 4 Gm7 C7
5 FM7 6 Em7 Am7 7 Dm7 Dm7/G 8 C

③ 1 C F G 2 C G/B Am7 Em7 4 F G
5 F G/F 6 Em7 Am7 7 B♭M7 8 Gsus4 G

④ 1 C/E F6 2 G E7/G# 3 Am7 C/E 4 F G
5 FM7 F#m7♭5 6 G G#dim 7 Am7 D7 8 Dm7/G

⑤ 1 C Dm7 Em7 3 E7 4 Am7
5 FM7 Fm6 6 Em7 A7 7 Dm7 Dm7/G 8 C

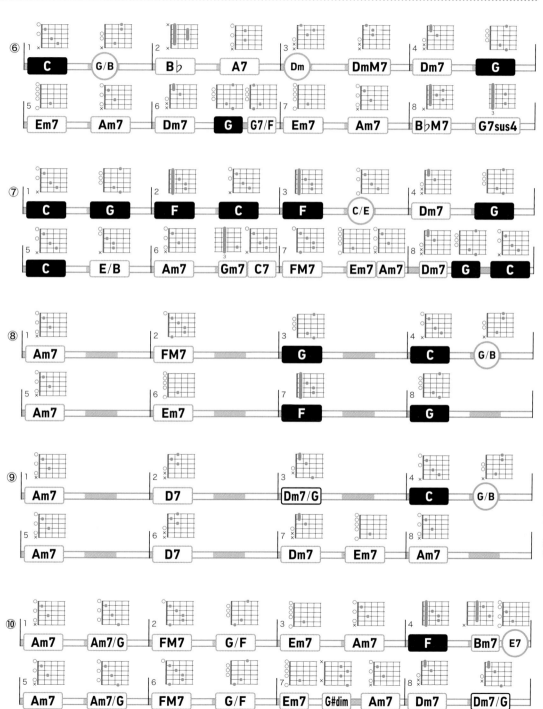

⑥
C G/B B♭ A7 Dm DmM7 Dm7 G
Em7 Am7 Dm7 G G7/F Em7 Am7 B♭M7 G7sus4

⑦
C G F C F C/E Dm7 G
C E/B Am7 Gm7 C7 FM7 Em7 Am7 Dm7 G C

⑧
Am7 FM7 G C G/B
Am7 Em7 F G

⑨
Am7 D7 Dm7/G C G/B
Am7 D7 Dm7 Em7 Am7

⑩
Am7 Am7/G FM7 G/F Em7 Am7 F Bm7 E7
Am7 Am7/G FM7 G/F Em7 G#dim Am7 Dm7 Dm7/G

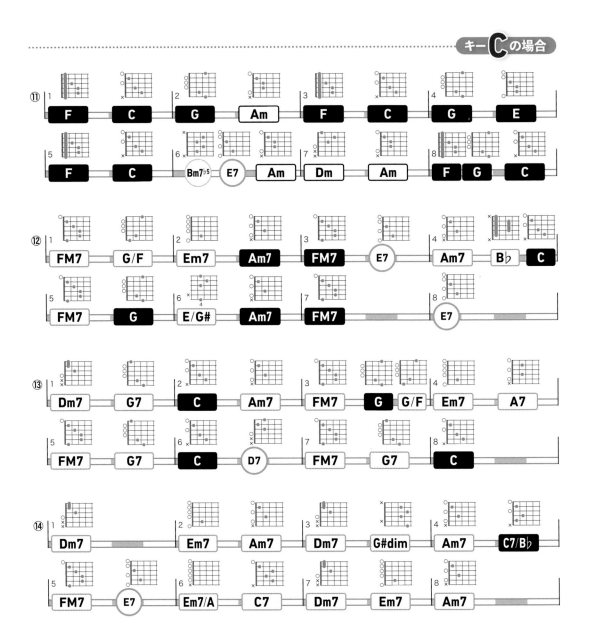

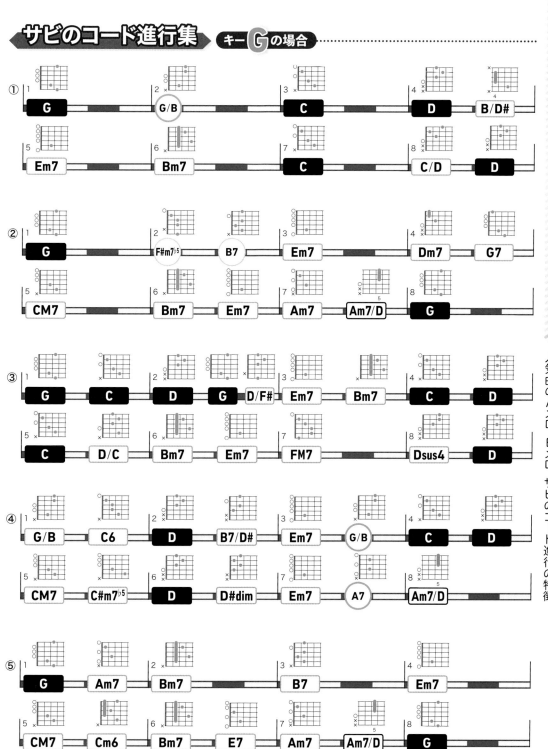

① G G/B C D B/D# Em7 Bm7 C C/D D

② G F#m7♭5 B7 Em7 Dm7 G7 CM7 Bm7 Em7 Am7 Am7/D G

③ G C D G D/F# Em7 Bm7 C D C D/C Bm7 Em7 FM7 Dsus4 D

④ G/B C6 D B7/D# Em7 G/B C D CM7 C#m7♭5 D D#dim Em7 A7 Am7/D

⑤ G Am7 Bm7 B7 Em7 CM7 Cm6 Bm7 E7 Am7 Am7/D G

歌詞／コードサイト「楽器.me」から読み解く
人気曲のAメロ、Bメロ、サビのコード進行の特徴

131

⑥
1 **G** **D/F#** 2 **F** **E7** 3 **Am** **AmM7** **Am7** 4 **D**

5 **Bm7** **Em7** 6 **Am7** **D** **D7/C** 7 **Bm7** **Em7** **FM7** 8 **D7sus4**

⑦
1 **G** **D** 2 **C** **G** 3 **C** **G/B** 4 **Am7** **D**

5 **G** **B/F#** 6 **Em7** **Dm7** **G7** 7 **CM7** **Bm7** **Em7** 8 **Am7** **D** **G**

⑧
1 **Em7** 2 **CM7** 3 **D** 4 **G** **D/F#**

5 **Em7** 6 **Bm7** 7 **C** 8 **D**

⑨
1 **Em7** 2 **A7** 3 **Am7/D** 4 **G** **D/F#**

5 **Em7** 6 **A7** 7 **Am7** **Bm7** 8 **Em7**

⑩
1 **Em7** **Em7/D** 2 **CM7** **D/C** 3 **Bm7** **Em7** 4 **C** **F#m7** **B7**

5 **Em7** **Em7/D** 6 **CM7** **D/C** 7 **Bm7** **D#dim** **Em7** **Am7** 8 **Am7/D**

132

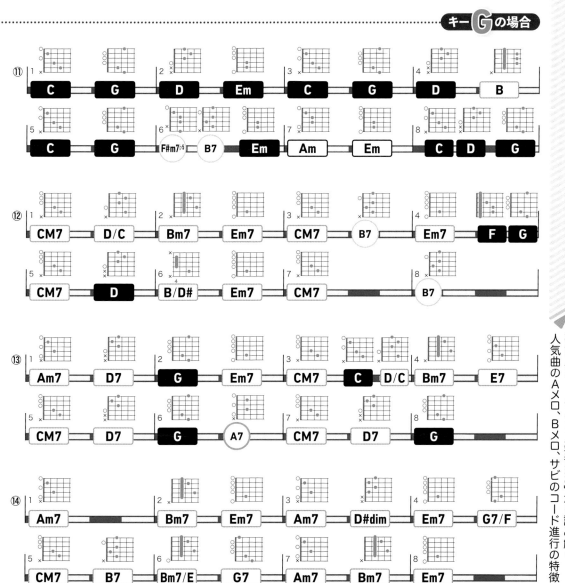

⑪ C G D Em C G D B
C G F#m7♭5 B7 Em Am Em C D G

⑫ CM7 D/C Bm7 Em7 CM7 B7 Em7 F G
CM7 D B/D# Em7 CM7 B7

⑬ Am7 D7 G Em7 CM7 C D/C Bm7 E7
CM7 D7 G A7 CM7 D7 G

⑭ Am7 Bm7 Em7 Am7 D#dim Em7 G7/F
CM7 B7 Bm7/E G7 Am7 Bm7 Em7

歌詞／コードサイト「楽器.me」から読み解く
人気曲のAメロ、Bメロ、サビのコード進行の特徴

コード進行表では解析した人気曲から8小節分をピックアップしていますが、割愛したコード進行の中には、前半は同じで後半が違うもの、一部の小節だけが違うものなどのバリエーションが多数ありました。それらの異なる部分は、実は他のコード進行にそのまま登場することも多いのです。そこで、異なるコード進行表のコード進行を組み合わせることができれば、新しいコード進行のバリエーションを作ることが可能になります。

コード進行を2小節／4小節／8小節で 1つの区切りとして捉えよう

多くのポップスでは8小節を1つの区切りと考えていて、8小節、または8小節を2回繰り返した16小節でAメロやBメロ、サビなどの各セクションが構成されています。

また、8小節分の中身を見ると、4小節一回りを2回繰り返すものと、前半4小節と後半4小節が異なっていて、8小節で一回りとなるものがあります。さらに、4小節分の中身も、2小節の反復で4小節になる場合と、4小節で一回りとなっているものがあります。

このように、2小節、4小節、8小節、16小節という単位でコード進行を見ていくと、コードの羅列のようだったコード進行表が、小節単位で同じ進行を繰り返していたり、異なっているようで実は一部のコードを差し替えただけの反復だったり…といった法則性に気付くと思います。そんな視点で解析を進めていけば、既存のコード進行（コード進行表）からバリエーションを作るときの参考になったり、好きな曲のコード進行を耳コピーするときのコード予測に役立ちます。

▼**コード進行表の分析方法**

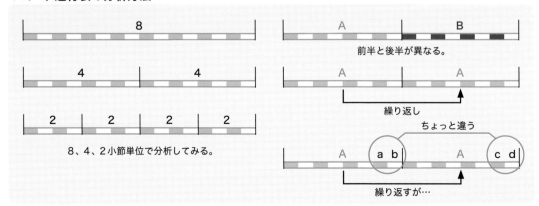

異なるコード進行を組み合わせてバリエーションを作ろう

　既存のコード進行を小節単位で切り分けてブロック化すると、その組み合わせで新しいバリエーションを作ることが可能となります。例えば、コード進行Aの前半4小節とコード進行Bの後半4小節を組み合わせてみたり、コード進行Cの前半（あるいは、後半）の4小節を繰り返してみたり、もっと細分化して、コード進行Aの3～4小節目をコード進行Dの3～4節目に差し替えるなど、いろいろな組み合わせが考えられるでしょう。もちろん、単純にすべてのコード進行がつながるわけではありませんが、つなぎ目の終端のコードと先端のコードが「コード路線図」の隣接する駅ならば、自然なコード進行になるはずです。

▼ 異なるコードでバリエーションを作る

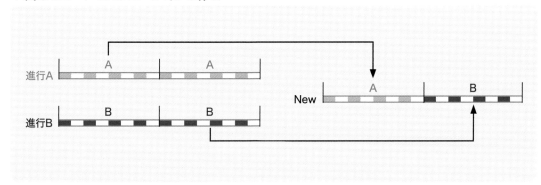

歌詞／コードサイト「楽器.me」から読み解く
人気曲のAメロ、Bメロ、サビのコード進行の特徴

🔍 コード進行だけでなく曲の要素を分解／再構築してみよう

　ここではコード進行を例に、小節単位でバリエーションを作ることを紹介していますが、この技は曲作りの他の場面にも応用可能です。例えば、伴奏パートのフレーズを考えるときに、前半は曲A、後半は曲Bのフレーズを参考にするとか、アレンジをする際にリズム隊は曲A、上物は曲Bというように自分の気に入った曲のパーツを組み合わせていくのです。コード進行もそうですが、既存の曲を参考に構成する要素を分解／解析して、それを再構築することが曲作りやアレンジを進めるときの武器になります。

コード進行表を使いこなすためのヒント
その② コード・チェンジさせるタイミング

人気曲のコード進行を解析してみると、コードの繋がり方が一緒でもコード・チェンジのタイミングだけが異なるという曲が数多くありました。言い換えれば、コード進行表のコードの並び順はそのままに、コード・チェンジのタイミングを変えていけば、別の曲のコード進行になるわけです。そこで、既存のコード進行がどんなタイミングでコード・チェンジしているかを解析し、コード進行のバリエーション作りに応用してみましょう。

コード・チェンジのタイミング（リズム）を変えてみよう

例えば、F→G→Em→Amという4小節のコード進行があった場合、各コードのコード・チェンジのタイミングを2小節単位にすれば8小節パターンになり、逆に半分にして2拍単位のコード・チェンジにすればF G→Em Amという2小節のコード進行が作れます。

▼ コード進行のタイミング

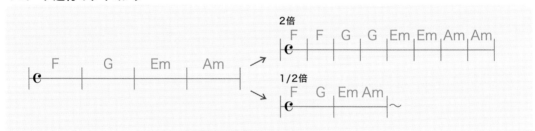

また、同じ2小節パターンでもF→G Em Amのように、2小節目に1拍1拍2拍のリズムで3つのコードを入れたり、逆にF G Em→Amのように、1小節目に2拍1拍1拍のリズムで3つのコードを入れるバリエーションも作れるでしょう。こういったコード・チェンジのタイミング／リズムを工夫したものを組み合わせれば、F→G→Em→Amというシンプルな4小節分のコード進行の例を元にして、例えばF G→G Em Am→F G Em→Amのように、同じ4小節でも複雑なコード進行へと発展させることも可能です。

▼ コード・チェンジのタイミングによるバリエーション

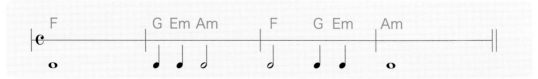

1小節に1つのコードなら4拍、2つ／3つ入れるなら何拍ずつにするか？

1小節の中に1つのコードを入れるなら長さは4拍分に、2つ入れるならば小節を均等に割れば各コードの長さは2拍ずつになるでしょう。もちろん、2拍ずつに分けるだけでなく3拍と1拍のように分けてもかまいません。これを4小節一回りのコード進行に当てはめれば、様々なバリエーションが作れます。

ここでは、4小節1回りで紹介しましたが、半分の長さにして2小節分のコード・チェンジとしたり、それを2つ繋いで4小節分のコード・チェンジにして、さらにバリエーションを増やしていくことも可能です。そして、表拍ではなく裏拍でコード・チェンジするようなシンコペーションのリズムを取り入れるのもありです。

▼ 1小節内の拍数のバリエーション

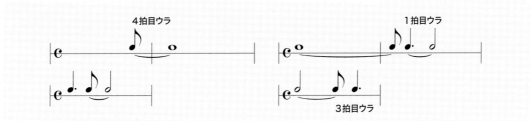

2拍	2拍	4拍	4拍	4拍	グッと加速して落ち着く
4拍		2拍	2拍	4拍	4拍	後半に向かって加速する
4拍		4拍	2拍	2拍	4拍	4小節目に向かって加速する
4拍		4拍	4拍	2拍	2拍	次に続く小節に向かって加速する
4拍		2拍	2拍	4拍	2拍	2拍	偶数小節で加速する
2拍	2拍	4拍	2拍	2拍	4拍	偶数小節で終息する
4拍		4拍	2拍	2拍	2拍	2拍	後半で加速する
2拍	2拍	2拍	2拍	4拍	4拍	後半で終息する
4拍		3拍	1拍	4拍	4拍	経過音的に2〜3小節目のコードをつなぐ

▼ 裏拍でコード・チェンジするトリッキーな技

4拍目ウラ

1拍目ウラ

3拍目ウラ

歌詞／コードサイト「楽器.me」から読み解く
人気曲のAメロ、Bメロ、サビのコード進行の特徴

人気曲のコード進行の中には、基本的な進行の骨格やコード・チェンジのリズムは一緒でも、一部のコードがオン・コードや代理コードに差し替えられているパターンも数多くあります。

同じ機能や響きを持つ他のコードへの差し替えは、バリエーション作りの常套手段と言えます。また、短いサイクルのコード・チェンジを反復する進行に変化を付けたいときにも有効です。

コード進行の一部を代理コードに差し替えたり、あえて抜いてみる

例えば、J–POPに多い「カノン進行」ですが、C G→Am Em→F C→F Gをひな形とするならば、一部のコードを代理コードへと差し替えたり、ベースがコードのルート以外を弾くオン・コードに差し替えたバリエーションが数多く登場します。一番多いのは、代理コードとオン・コードを組み合わせて、ベースがスケール上の音を下降していくC G/ B→Am G→F C/ E→Dm Gというパターンでしょうか。こういった既存のコード進行を参考にするだけでなく、『コード路線図』の各駅に併設されているコード（代理コード）へ差し替えていけば、C Em→Am C→Dm C→F Gのようにカノン進行から新しいバリエーションを生み出すことも可能です。

また、同じ「カノン進行」を例にすると、2拍単位でチェンジしているコードのどちらか一方のコードのみを選んで、1小節伸ばすようなコード進行もありました。例えば、偶数小節のコードを1つにして1小節伸ばすようにすればC G→Am→F C→G、奇数小節ならばC→Am Em→F→Dm Gといったコード進行が作れます。これらの手法を組み合わせていけば、1つのコード進行表から多彩なバリエーションが得られるでしょう。

▼ **カノン進行からの例**

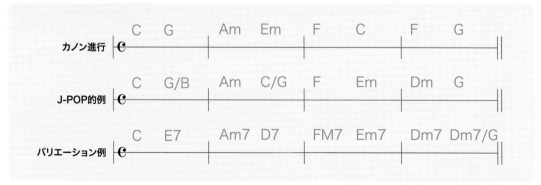

同じコード進行を反復するときに、その一部を代理コードなどに差し替える

　例えば、8小節のコード進行を考えたときに、F G→Cのようにシンプルな2小節単位の進行をそのまま4回繰り返すのではなく、F G→AmやF Em→Am、Dm G→Cといった代理コードで変化を付けることもできます。

　また、少し大きな流れで捉えて、AメロはF G→Amの反復、サビはDm G→Cの反復といったようにセクションごとに代理コードを活用する手もあります。

　そもそも代理コードは、「代理」という名前通り、構成音が近いコードで機能的にもほぼ同じと言っていいものです。そのため、同じメロディのままコード進行だけを代理コードに差し替えてもOKなのです。例えば、サビ→Aメロ→サビという展開の曲で、前サビではDm G→Amを反復するコード進行、後サビはF G→Cを反復するコード進行とすれば、メロは同じでも前後のサビで雰囲気を変えることが可能です。

▼ 反復と代理コードに差し替える例

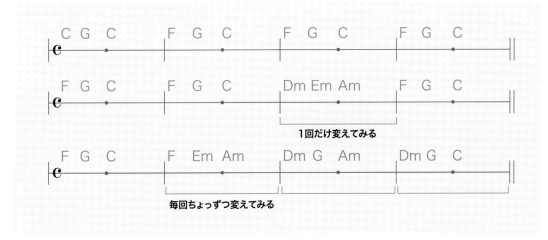

歌詞／コードサイト「楽器.me」から読み解く人気曲のAメロ、Bメロ、サビのコード進行の特徴

オン・コードを活用した コード進行バリエーションの過去・現在

ベースがコードのルート以外を弾くオン・コード。これを応用して、ベースを動かさずにコードだけを動かすコード進行があります。例えば、C→D→F→CをC→D/C→F/C→Cとしたり、F→G→Am→GをF→G/F→Am/F→G/Fとしたり、Am→G→F→GをAm→G/A→F/A→G/Aとするようなパターンです。これらも80年代を感じさせる響きになりますね。

逆に、近年の曲ではコードはそのままでベースだけが動くパターンが増えています。例えば、F→G→Am→Cではベースが**ファ→ソ→ラ→ド**と動きますが、このとき、コードが「**レソド**」の

3音をずっと弾いているだけでコード進行的にはF6(9)→Gsus4→Am7sus4→Cadd9のような複雑な響きが得られます。

同様に、F→C/E→Dm→Cでベースが「**ファ－ミ－レ－ド**」と動くなら、「**レソド**」を押さえておけばF6(9)→Cadd9/E→Dm7sus4→Cadd9になります。この「**レソド**」のコードは、Gsus4のフォームで演奏可能です。

いずれも、ギター単独よりもベースとのアンサンブルで有効なコード進行のバリエーションになるでしょう。

▼ **コードのフォームはそのままにベースが動くオン・コードの応用例**

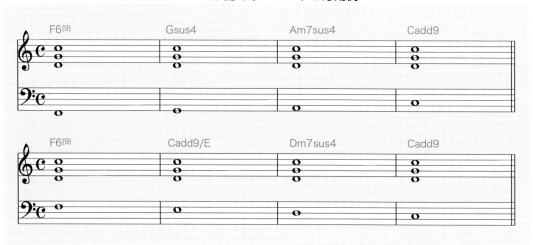

コード進行表を使いこなすためのヒント

その④ 6th、7th、9thの活用

同じコード進行でも、シンプルな3和音で演奏されている曲もあれば、6thや7th、9thを加えた4和音で演奏されている曲もあります。そして、このちょっとした和音の響きで曲の印象も変わってきます。

また、コードの押さえ方は一緒でも、演奏するベースの音が変われば違った雰囲気のコードに聴こえてきます。

基本コード（3和音）の音に6thや7th、9thを加えてみる

もしコード進行表にCと3和音で書かれていたとしても、演奏するときに9thを加えたCadd9や、7thを加えたCM7といった4和音で弾いてみてください。

C→F→Am→Gというコード進行の場合、Cadd9→Fadd9→Am7→Gadd9のように、メジャーコードならば9th、マイナーコードならば、マイナー7thを入れるのは定番の奏法です。

また CM7$^{(9)}$→FM7$^{(9)}$→Am7$^{(9)}$→Dm7/G

と加える音を増やせば、80年代っぽさが出てきます。ただし、濃厚な響きはスローなバラードには有効ですが、ギターをかき鳴らして歌うアップテンポな曲には不向きです。そういったプレイには、近年の曲で多く聴かれる6thの音を使ってみましょう。先のコード進行ならばC6$^{(9)}$→F6$^{(9)}$→Am7→Gadd9とし、さらに3度の音を抜いたコード・フォームで演奏すればグッと今風の響きが得られます。

▼4和音構成で今風に

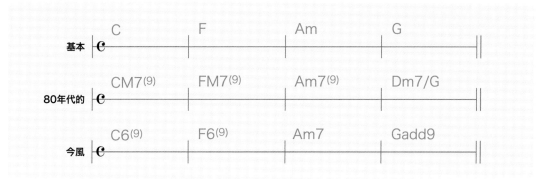

実際に1曲を完成させるためには、ここまでに登場したAメロ、Bメロ、サビという1コーラス分を構成するセクション以外にも、イントロやアウトロ（エンディング）、2コーラス目以降があるならば、間奏などいくつかのセクションが必要になります。

Aメロ、Bメロ、サビのコード進行を参考に！

通常のポップスやロックでは、イントロから始まって1コーラス目（Aメロ、Bメロ、サビ）を歌った後、間奏を挟んで2コーラス目があり、その後、それまでとは異なる展開部（ブリッジ）を挟んでから再びサビを繰り返してアウトロで終わる…というのが王道のパターンでしょうか。

そして、ここで登場するイントロやアウトロ、間奏などは、これまでに紹介してきたAメロ、Bメロ、サビのコード進行例を元にした4〜8小節程度の新たなセクションを作ることで対応できます。

▼ サビのコード進行からイントロを作る例

◎サビのサンプル (P.128 パターン②)
| C | Bm7♭5 E7 | Am7 | Gm7 C7 | FM7 | Em7 Am7 | Dm7 Dm7/G | C |

＜イントロの例　基本編＞
| FM7 | Em7 Am7 | Dm7 | Dm7/G | →Aメロへ
※サビの後半4小節を利用し、Aメロへ繋ぎやすいように最後のコード進行だけを変える

＜イントロの例　応用編＞
| FM7 | Em7 Am7 | Dm7 | Dm7/G | Fm6/G | →Aメロへ
※Aメロの入りを強調するために、新たに1小節別のコードを追加する
（Fm6onGのところはリズムを止めると効果的）

▼ Aメロのコード進行からイントロを作る例 (Aメロ後半のコード進行を応用するパターン)

◎Aメロのサンプル (P.112 パターン④)
| C | Em7 | C7 | F | Dm7 G7 | C D7 | F | F/G |

＜イントロの例＞
| Dm7 G7 | C D7 | F | F/G | →Aメロへ
※8小節×2の繰り返しを意識したAメロでは後半の4小節がイントロのコード進行として転用しやすい
※各コードの長さを倍にして8小節のイントロにするのもアリ

▼ **Aメロのコード進行からイントロを作る例** （Aメロの一部を反復して応用するパターン）

◎Aメロのサンプル (P.113 パターン⑧)
｜C/E｜F｜G｜Am｜F｜C/E｜D7｜Gsus4 G｜

＜イントロの例＞
｜C/E｜F｜C/E｜F｜C/E｜F｜Gsus4｜G｜→Aメロへ
※Aメロ冒頭部分をじらすように繰り返して、最後はAメロへ繋ぎやすいようAメロ最後のコード進行を応用

▼ **サビのコード進行からアウトロを作る例** （イントロとしても利用できるサビの後半を応用するパターン）

◎サビのサンプル (P.128 パターン②)
｜C｜Bm7♭5 E7｜Am7｜Gm7 C7｜FM7｜Em7 Am7｜Dm7 Dm7/G｜C｜

＜アウトロの例　基本編＞
｜FM7｜Em7 Am7｜Dm7｜Dm7/G｜FM7｜Em7 Am7｜Dm7 Dm7/G｜C｜
※サビの後半4小節を元に、繰り返せるように3〜4小節目を変更している

＜アウトロの例　応用編＞
｜FM7｜Em7 Am7｜Dm7 Dm7/G｜C C7｜FM7｜Em7 Am7｜Dm7｜Dm7/G｜Fm6/G｜Cadd9｜
※最後はrit.（リタルダンド＝テンポを落とす）すると効果的
※最後のコードは爽やかに終わるならCadd9、切なく終わるならFM7もオススメ

▼ **Aメロを応用したイントロのコード進行からアウトロを作る例**
（イントロ＝アウトロとして完結するパターン）

◎Aメロのサンプル (P.112 パターン④)
｜C｜Em7｜C7｜F｜Dm7 G7｜C D7｜F｜F/G｜

サビ→｜FM7｜Em7 Am7｜Dm7 Dm7/G｜C｜
アウトロ→｜C｜Em7｜C7｜F｜Dm7 G7｜C D7｜F｜F/G｜C｜
※Aメロの伴奏アレンジではなく、サビのアレンジを引き継ぎながらアウトロを迎える

▼ **Aメロを応用したイントロのコード進行からアウトロを作る例**
（Aメロの一部を反復しながらフェードアウトするパターン）

◎Aメロのサンプル (P.113 パターン⑧)
｜C/E｜F｜G｜Am｜F｜C/E｜D7｜Gsus4 G｜

サビ→｜FM7｜Em7 Am7｜Dm7 Dm7/G｜C｜
アウトロ→｜C/E｜F｜C/E｜F｜C/E｜F｜C/E｜F｜…
※アウトロ部分の伴奏はイントロのアレンジでもサビのアレンジでもOK

プロに聞いた!
初心者が最初に覚えたい
ギターコード&
作曲法

制作協力：織田哲郎

2023年8月24日 初版発行

著者：東 哲哉／平沢栄司

執筆協力：野村大輔
撮影：小貝和夫
撮影協力：前野玲偉

表紙・フォーマットデザイン、DTP：老田 寛［有限会社プロスペリティ］

制作：株式会社ミュージック・マスター
発行所：有限会社サウンド・デザイナー

JASRAC：日本音楽著作権協会（出）許諾第2305448-301号